New window 新視野 116

愛，一個人也很好

陳慧如 著

高寶書版集團

〈推薦序〉

在學會愛之前，先愛自己

很久以前就聽說過凱莉，《痞子英雄》的編劇。

一個女人可以寫出一部男人味的劇本，意志力和想像力都要非比尋常。

很久以後才見到了凱莉。原來我們都是記者出身，我們都對創作和名利有一定的堅持和潔癖。於是對話就和預演過的一樣流利，不會辭不達意。

可是這些都不是我最喜歡凱莉的原因。就像被一個人打動的原因不會只是因為相近，而是對方身上的一種單純的基因。凱莉的熱情和善良，沒有心機，不是義無反顧，而是擇善固執，對照出這個世上的多數人都在處心積慮的活著和愛著。

英文說 You are what you eat. 我想的是 You are what you write. 一個人有什麼念頭，就會寫出什麼樣的文字。和文筆無關只和立場有關，和筆調無關只和領會有關。第一次看到凱

2011, Taipei

莉的書──《不當敗犬，也不必當女王》，就知道她的思維很清也很輕。把世情看得一清二楚後，於是輕而易舉放下，不會再放心不下。舉重若輕。

身為一個無法輕言允諾的人，羨慕也欣賞凱莉已經走入婚姻，有一對笑起來像天使、鬧起來像魔鬼的孩子。更不可思議的是日以繼夜的寫劇本，還能再寫出第二本書。單身不曾使我侷促不安，擔心的是不能持之以恆的去愛，凱莉的新書又再教了我，其實我們要做的不是快樂或者堅強的女人，也不用一分高下到底誰愛誰比較多，重要的從來都是做自己。因為只有一個自在的女人，快樂和痛苦都心知肚明，不會不服氣。

只有承認自己是個軟弱的人，就像知道自己體質不好一樣，才會知道怎麼好好照顧自己。我們不需要比誰好，只要比過去的自己過得更好。

謝謝妳也恭喜妳了，凱莉。

〈自序〉

那些年，我一個人面對的愛情

昨天，我的第二個孩子，滿週歲了。在這個時刻，為自己的第二本書寫序，真有特殊的意義。

十幾歲的時候，偷偷喜歡過幾個距離遙遠的人。他可能是補習班的同學，社團認識的學長，或是盲目聯誼認識的友校男同學。

那時候太小，小到什麼也做不了，我唯一能做的就是寫日記，寫小說，寫很多封從沒有寄出過的情書。國三的時候，把喜歡的人名字藏在自己寫的小說裡，打發無聊的聯考時光，像供應出租書般地讓同學們傳閱，沒想到卻被頻頻詢問下一章在那裡，就這樣莫名其妙寫完一個長篇。

二十幾歲的時候，談過幾場轟轟烈烈的戀愛。

或許真真切切地交過幾個男朋友，進行過名為「愛」的兩人活動，但是沒有人可以愛的時候，也偶而「戀」著幾個無法開花結果的人。

無論是戀，還是愛，對我而言，並不因為沒有成為真實的男朋友而有所差別。事實上，有時候人生的安排相當戲劇性，妳從沒有在一起的那個人，卻是曾經傷妳最深的人。

但我卻不再寫愛情了。

從大學到出社會，是最多姿多采也最忙碌的十年。曾經當過五六年的旅遊記者，忙著在每個國家每個城市之間飛行，忙著寫稿忙著校稿忙著編輯，巨大的文字工作量壓得我忘記了自己還想寫其他的，於是不再寫了。

二十九歲的時候，我成為了一個母親。

接下來的兩三年，在婚姻裡，我初嚐了一個女人在人生中面臨最苦最辣的各種遭遇，親人驟逝，長輩生病，新生孩子帶來的疲累和混亂，和曾經許諾終生的那個人與那些夢想幾乎要破滅……跟過去年輕時刻以為痛楚到要滅絕的戀愛相比，我才明白，過去在乎的有多微不足道，固著的有多渺小荒謬，當我以為我挑戰過愛裡的聖母峰，卻發現我走過的原來只是小山丘。

好不容易地，在殘殘破破裡，我重新保護著守護著我的愛情，我的家人，繼續走到現在。

去年，當我和他迎接著第二個孩子的出世，我們有多麼感動欣慰，還好，我們沒有放棄彼此。

還好，我們願意看守對方，到老，到病，到死。

或許是因為經歷過了這些那些，三十歲以後，我又開始寫了。因為我很想把這些真實的感受跟妳分享，告訴妳，妳並不孤單。

這一次和以前不同，我不是為任何工作的媒體，書寫那些我無法暢所欲言的樣板文章，這一次，我是為了我的朋友而寫，包括我真實生活裡的朋友，還有來過我部落格

「凱莉國境」，在虛擬網路上和我交心的網友們，而寫。

就像十五歲的時候我寫小說給同學看，不在乎能不能出書，不在乎能不能賺錢，這幾年，我寫得很開心。

我繼續聽說著城市裡發生的各種愛情故事，有些可能是傳聞，有些則可能是朋友或網友告訴我的事件。我試圖在這些聽聞裡抽絲剝繭，然後思考我能寫成一個什麼樣的故事，跟妳或你分享。

一直到現在，當我以編劇工作為主的現在，始終認為，書寫愛情和生活的這個我，是最自由的，也是最真實的，我。

不需要考慮片商和電視台的投資方向和卡司，不需要推敲製作人和導演的喜好，不需要一改再改二改三改，在這個領域，我只要寫我想寫的就好。

對我來說，如果編劇是我的承諾和責任，那麼寫散文就像是偶爾放縱自己的小偷情。

不過，偷情畢竟是偷情，當偷情一多，難免干擾到正事。

從二〇〇八年開始在部落格上有時無時地，寫些拍戲的小花絮，或是對愛情，對生活，對時尚的看法，甚至有時候只是放個幾張孩子們的可愛照片，就替我騙來不少瀏覽人次。也因此在去年，我有機會以個人的名義出了第一本愛情散文書，對於我這種不以寫書也不以部落格維生的隨性作家來說，有這樣的機遇，我真的很感激，出版社的好心腸，還有網友們無怨無悔的支持。

出書之後，幾個好朋友，自掏腰包一口氣訂五本十本送人，我也感念在心頭，一併在這裡道謝。

然而畢竟，部落格真的就是我個人發牢騷偷玩耍的地方，為了專注寫劇本，成為一個更專業的編劇，我在今年決定暫停在部落格上書寫任何較長形式的文章。

這個決定，其實思考很久，在今年的劇本工作負擔越來越重時，就一直思考著是否該將部落格關閉。偶然地，六月份的時候我有機會到首爾參加亞洲電視劇編劇會議，在那裡，我遇到了來自日本和韓國的知名編劇。

他們都是富有責任感的知識分子，認為編劇擔負影響社會甚至影響文化的重要工作，因此，寫什麼題材，如何寫，都是他們念茲在茲的事情。

和他們相比，每天寫寫劇本，偶爾化個濃妝上上電視節目的通告，還在部落格玩樂閒晃的我，真的，顯得太不認真了。

創作本就是一條孤單而艱苦的路。我在多年前曾訪過雲門舞集的林懷民老師，始終在創作的他，笑說家裡連張舒服的椅子都沒有，「過得太舒服了，就創作不出來了。」

我很尊敬的作家朱天心，說她連宗教信仰的都沒有，就怕寫作的人躲到信仰裡去，「舒服了，不痛苦了，就寫不出來了。」

下了決心之後，我推掉所有和劇本無關的工作，邀約，演講，通告，每天早起到睡前，只做一件事，寫劇本。

而這第二本書，說白了，是和出版社同時簽了兩本書，而不得不履行的合約。對現在埋首於劇本的我來說，是一個意外的小驚喜。

和第一本書類似，除了整理部落格上一些發表過的文章，我又寫了數篇未曾發表的新文，只有書裡才有收錄。（所以第一本還是要買啦，因為有些文章網路上找不到哦。）

換句話說，這可能是短期內我最後一本散文書，在可預期的未來，或許下一次我再動筆寫愛情，是為了我將步入青春期的女兒？

和第一本書的犀利直率相比，這一本，我比較希望能給讀者，一些更為溫柔，更能療癒的思考，和分享。

就像以前那樣，每天，妳上班上得累了，讀書讀得煩了，偶而到凱莉國境坐坐，看看我又說了什麼，妳或者笑笑，哭哭，然後，帶著看了一部好電影的心情離去。

妳知道，妳很忙，很苦，妳愛的人不了解妳，但是妳知道我會陪著妳，妳可以偶而翻翻這本書，放在床頭或廁所都沒關係，妳知道有我安慰妳。

就像那些年，我曾一個人面對的愛情，很深刻，很寂寞，但是妳知道終究會過去。

這個在網路上玩耍的凱莉，要暫時跟妳說再見了，以後妳看見的，是那個以本名，以真實身分面對著大家的我。所以我留下這兩本書給妳，希望妳會快樂地面對每一天，有勇氣談戀愛，自在地讓妳的生活達到平靜與平衡。

Good luck, and good bye.

Chapter 1

一個人的幸福論

給雙面的妳

在人群中，妳總是很容易就被看見，美麗，驕傲，氣質獨具。

但是很容易被辨識的妳，其實許多時候並不想被看見，低調到甚至有些古怪。妳有時候會穿過時的上衣，刻意戴好女孩的無趣眼鏡，一點不緊身的牛仔褲，妳把自己的臉孔和身材隱藏起來，妳不要人看見妳的美麗。

妳抱持一種古老的邏輯，妳相信，內在美比外在美可靠，只看外在的人很膚淺。愛妳的人，應該會先愛上妳的內在；然後，妳美麗的外在，則應該被當做是偶然出現的紅利獎金，如果有，很驚喜，如果沒有，不應該生氣。

可惜，男人往往很膚淺，他們一眼就看穿妳掩飾不了的美麗，他們沒興趣花太多時間跟妳複雜難懂的內在糾纏，便急急地想牽著妳的手談戀愛。

妳總說，我不會很難懂啊。

是嗎？

妳明明知道妳自己就像一本博士班才用得到的原文書，妳要人仔仔細細地讀，從第一頁開始讀，要有耐性解答妳的問題，懂得享受和妳反覆辯證的樂趣。他不能惱羞成怒，不能缺乏耐性，如果他想跳過中間偷看結局，妳會考慮讓他直接出局。

男人不懂，妳一直很矛盾。

更中性的說法是，妳一直很雙面。

他們總說，妳冷漠，冷淡，有的人甚至說妳冷酷，說話有些刻薄。

懂妳的人會說，妳只是習慣直來直往，不喜歡討好，也不喜歡被打擾。

妳想懶惰，卻不敢懶惰。

妳像中世紀的隱修士，無時無刻不把自己逼得好緊，彷彿偷懶是罪惡的，不工作是罪惡的，過度花費是罪惡的。妳每次總是在 deadline 前在臉書上對全世界大喊去死吧我才不交稿，但事實上妳知道全世界最不能忍受延期和遲交的人就是妳自己。

妳想放縱，卻不敢放縱。

或許是受到原生家庭影響，妳看到許多放縱的人，於是妳無法放縱自己變成放縱的人。妳知道妳血液裡流著放縱的因子，妳恐懼將那些小魔怪釋放之後，自己會不會變得連自己都不認得。妳採取最安全的作法，將小魔怪的潛在因子全部集中囚禁。妳的放縱，不過是在 KTV 裡裝模作樣唱幾首歌，或者在沒人看見的家裡塗指甲油踩高跟鞋想像在跳探戈。

三十歲過了，妳還沒有結婚。

以前妳總是循規蹈矩，乖乖地通過考試，符合父母和社會的期望，一路往上升學，妳不是個需要令人煩惱的學生，成績單上也從沒出現過令人錯愕的數字。

但是長大了，一向習慣隱身在人群裡低調了習慣的妳，才知道愛情這檔子事，跟讀書考試不一樣，不是跟著大家一起做就會往前進。

當同學都披上了白紗，當她們的懷裡都出現了嬰兒，考試從來不落後的妳突然落單了，習慣低調的妳被迫變得很高調。所有人睜大雙眼盯著妳，問妳有沒有男朋友，問妳什麼時候要結婚，問妳關於任何可能和不可能的對象，只要有一點風吹草動，妳的姐妹淘就樂得開始幻想幫妳準備坐月子的用品。

妳很害羞，也很害怕。妳從不知道，一個人的戀愛，會變成一群人的事情。更多時候妳是不知所措，就像一個本來會開車的人經歷了車禍，突然變得不會開車，妳猶豫不決地上路，比二十歲的時候還要緊張多疑。過去戀愛的那些好好壞壞，讓妳變得戰戰兢兢，妳想去愛，卻怕像上次那樣傷到翻身不起，妳想被愛，卻懷疑自己是否好到值得被寵溺。

妳才知道，三十歲的妳，最不缺的是皺紋和經驗，最缺乏的是勇氣和信心。

妳比誰都清楚，妳不是不能愛了，而是不敢愛了。

這些年來，除了看清楚了男人，妳也看清楚了自己。

妳常為了愛情和自由的距離困擾和疑惑，妳嚮往愛情裡深刻的甜蜜和浪漫，但妳又害怕黏膩的糾纏和束縛。失戀的時候妳想念愛情，談戀愛的時候妳卻想念起自由。

妳知道自己很矛盾，一直都是這麼矛盾，一個妳享受孤獨，另一個妳害怕寂寞，一個妳期待被擁抱，另一個妳又渴望去旅行。

聰明的妳當然不能忍受不比妳聰明的男人，妳常被那些，自以為是，若即若離，驕傲冷靜，神神祕祕的男人吸引。偏偏妳又太聰明，聰明到沒辦法矇著眼睛不看見那些謊言，偽裝，背叛和欺騙。妳像檢查論文錯字般，一條一條鉅細靡遺地舉證出來，妳把這男人給徹徹底底地當掉了，但是妳也深深刻刻地傷了自己。

在國外念過幾年書，旅行過那麼多地方，照理說應該開放甚至豪放的妳，其實，對愛情有一種貞潔且純潔的想像。

妳喜歡的男人，應該要可以跟妳躺在一張床上，聊村上春樹和傷心咖啡店之歌，聽陳綺貞或張震嶽，他不應該很粗暴地撲到妳身上，只想著男人都想做的那檔事。

妳喜歡的男人，應該要懂得欣賞妳在外面像淑女，在家裡像瘋女。妳美麗優雅的女人外殼裡，其實是一個動不動就要冷的諧星，妳冷靜理性的專業外表下，其實是一個愛發牢騷又喜歡睡懶覺的小女孩。

妳只是，想要有一個人，可以同時欣賞妳的單純和難懂，也可以包容妳的驕傲和脆弱，妳不知道哪一個妳會突然跳出來面對他，妳不是故意做作故意任性，妳無法言說的問題就是這兩個雙重人格都是妳。

妳也學習祕密的力量，向上帝開訂單。只是，妳不懂，妳的需求明明是，成熟、感性、體貼，怎麼來的會是，幼稚、理性、拗脾氣。妳想要一個人安靜的生活，混亂卻總是離不開妳。

然後，有一天，妳或許懂了，或許還是不懂，妳如果想要真實的愛情，就必須離開安全的公寓到未知的叢林裡去，妳如果想要熱烈的關係，就必須脫掉防護面具和外衣，讓自己暴露在最具侵蝕性的病毒裡。那名為愛的病毒，是人類自古以來，無疫苗也無解藥的最可怕細菌，妳要不就痛痛快快染上，要不就轟轟烈烈死去。

而我，永遠祝福妳，也永遠聆聽妳。

我只希望，有一天，當妳遇到那個人的時候，請把我這一張薄薄的信紙交給他，請他，好好照顧妳。
珍惜妳。
並且，要花一生的時間讀懂妳。

~給我的朋友H和A

妳以為妳很特別

妳曾以為，妳是一個很特別的人。

從小學開始，妳就覺得自己跟別的同學有那麼一點點不同。別的女生喜歡玩跳橡皮圈玩跳房子，妳卻跟一群男生玩紅綠燈玩貓捉老鼠玩得滿臉是泥。別的女生用最漂亮的凱蒂貓KIKILALA文具自動鉛筆，妳像個老古板用黃色鉛筆和白色橡皮擦。別的女生迷戀班上打球最帥或最白淨最聰明的男生，妳連正眼都沒瞧他一下。

妳一直以為，自己很特別。

中學的時候，別的女生在讀言情小說在迷偶像歌手，妳讀的是純文學，聽的是英文歌。妳不是不看小說，妳是早就開始自己寫小說。別的女生在K書中心在圖書館跟男生傳小紙條，妳的目光只停留在書本上。妳不是真心想考第一名，也不是那麼真的想進前三志願，妳只是覺得喜歡男生很遜，所以看起來在沒人專心的K

書中心裡專心K書才是最酷的事。

高中的時候，最漂亮最受歡迎的女生常常都進了樂儀隊，妳卻沒有。妳在別的社團也發展得很好，但是妳始終不是那個讓鄰校男生竊竊私語的班花，當然，在公車上也有男生偷看妳，但妳也沒有名到變成什麼O東之花或是一三五之花。

妳有男生追，只是他看起來距離妳心中的王子還差一點，所以妳用「我要專心唸書」、「我社團很忙」這類不傷感情的理由拒絕了他。

妳在補習班有暗戀的人，可是他卻始終沒有走過來跟妳說話。

大學的時候，妳或許有交男友，或許沒有。妳或許念了自己心中的志願科系，或許沒有。越接近畢業的時候，妳才發現社會永遠比妳想像中殘酷。考不上研究所，沒有錢出國，找不到工作，妳有一百個一千個煩惱未來怎麼辦，但是妳相信，這些終有一天會迎刃而解。

妳以為終有一天，妳會穿著一套優雅的套裝，坐在一個漂亮的辦公室裡，做一份自己喜歡的工作。

妳能力強到老闆愛死妳，同事需要妳，後輩仰賴妳。

妳以為妳會成為真正的菁英，住在漂亮的房子裡，像所有電影電視裡的女主角一樣，有帥帥的男朋友或老公，對方還比妳更會賺錢，你們總是滿足地看著對方，一起看DVD喝紅酒，然後在昂貴的床單上纏綿睡去。

因為，妳一直以為自己很特別。

結果，妳快三十歲了，或，妳已經三十歲了，這些，都沒有發生。

妳做一份薪水不會少到餓死也不會多到可以買房子的工作，妳講這份工作的缺點永遠比優點多，妳喜歡這份工作，只是妳還有更想做的工作。

妳的男朋友或妳的老公其實沒那麼會賺錢，妳愛他，妳真的愛他，所以妳才選他沒選另一個更有錢的，然而你們只能租得起一個普通的公寓，可能連車都捨不得買。妳的婚紗不是 Vera Wang，妳可能有一顆 Tiffany，只是那上面的鑽石小到妳要睜大眼睛才看得清楚。

妳很想要那個名牌包，老公疼妳會讓妳買甚至送給妳，不過體貼如妳也會想那幾萬塊不如拿來兩人一起旅遊更實際。

妳每天最喜歡看的專欄就是蘋果日報的名人時尚版，妳盯著那些名媛千金的行頭目不轉睛，嘴巴上罵罵這個女的還不是她老爸污投資人的錢才有名牌可穿，但是妳心裡卻偷偷羨慕她有富老公跟富公公，有保母幫她帶小孩，有傭人幫她做家事，最重要的是，她拿著那個妳排隊也買不到的最新款 It bag。

到這個時候，妳才發現，妳其實並不特別。

小學的時候，妳不是不想加入那些女生去玩，只是妳沒那麼漂亮，個性也有一點彆扭。妳不是不想用可愛的文具，只是媽媽覺得那很貴，妳也不敢開口要。

妳不是不喜歡那個帥男生，只是妳發現比妳更有錢更漂亮的女生喜歡他，妳怕被人發現妳也喜歡他，那很糗。

中學的時候，妳不是不想把裙子弄得再短一點，把頭髮梳得好看一點，只是媽媽或老師問妳怎麼變了，妳膽子還沒大到可以跟他們頂嘴。妳不是不想認識男生，不是不想跟男生出去玩，只是妳有點害怕那會變得怎樣，妳也害怕如果考不好會被爸媽罵，妳根本就還沒搞懂，自己喜歡的跟不喜歡的是什麼。

高中的時候，妳不是不想穿上樂儀隊的制服，只是天曉得竟然有成績限制，這可惡的階級制度讓妳進不了樂儀隊，或者妳就只是長得不夠漂亮，腿不夠直也不夠長，所以妳就是沒被選上。

妳只能看著那些女生把頭髮剪得短短，腰桿子挺得跟牆壁一樣直，從妳前面驕傲地走過去。妳只好說妳一點也不羨慕進樂儀隊，每天花那麼多個小時練習樂器有什麼意義，還有那無聊又磨人的槍法，這種技術學了以後要幹嘛？

妳用這些理由掩飾自己心裡真正的哀傷。

大學的時候，妳才發現，社會的階級早就在妳出生前就形成了。

妳沒辦法買跑車不是妳的錯，妳沒辦法出國遊學不是妳的錯，妳沒有醫生律師企業家老爸幫妳找好未來的對象，甚至安排好未來的工作不是妳的錯。

妳發現妳那麼努力爬到了這裡，以為妳自己好歹已經到了白朗峰，卻發現妳其實根本就還在阿里山。

這個社會就是那麼的不公平，就拿一個普通的平日下午來說，妳在咖啡店裡改稿子改到頭髮都白了幾十根，只是為了賺那幾萬塊甚至幾千塊，然而就在這家高級的百貨公司裡，坐在妳對面的那個女的，身材比妳爛，臉蛋比妳糟，手上提著一個比妳這台電腦還貴的名牌包，竟然又從一個嶄新的紙袋裡拿出一個絨布袋，然後再拿出一個妳寫一個月也賺不到的名牌包，妳實在很想把剛點好的那杯焦糖瑪奇朵倒到她的裙子上，然後問她妳到底是不是被人包養，還是妳老爸是貪污了中華民國政府多少錢，妳才可以這樣過日子？

當然，妳不會這麼做。

妳不會說妳其實很想當貴婦，妳不會說妳其實很羨慕嫁人生子，妳不會說妳其實很欣賞那個名媛的穿著，妳不會說妳其實很想到那種真正上流的場合去交朋友，妳不會說妳其實要是不小心嫁給小開當少奶奶妳真的不排斥，妳不會說誰不想自己的老公帥氣多金又懂得尊重妳，妳不會說妳真的很想住在那種豪宅裡面試試看。

這就是現實生活，其實沒什麼不好意思的，這個社會裡的絕大多數「妳」，不就是每天在應付囉嗦又不聰明的老闆，碎念的父母公婆，付不完的房租或貸款跟保母費，做不完的工作跟雜事，洗不完的衣服跟碗筷嗎？

如果妳真的就這麼認真地在應付妳的現實生活，甚至因為這樣沒時間打扮，沒時間交男友，沒時間去學習去成長，真的不要太傷心，因為有很多的「妳」，都跟妳一樣。

妳真的一點也不特別，妳只是很努力，順著生活往下過，妳想要再多一點憧憬，想要再多一點餘裕，想要再多一點金錢和時間，去滿足自己的欲望，就這麼簡單，而已。

那麼，不需要詛咒任何比妳更好的人，也不需要催眠自己有多勇敢有多幸福有多快樂，妳只要面對真實的自己就好。

在這個世界上，妳不需要別人的祝福，也可以過得很好。即使，這樣的人生，一點也不特別。

完美女人

我們都認識這樣的她，完美女孩。

年少的時候她們通常很優異，在學業上，各種學科，甚至是運動場上，音樂會或話劇，以及校外的激烈比賽，我們常看到她們，抬頭挺胸地去領獎，在台上滔滔不絕，彷彿榮耀天生屬於她們，傑出是她們身體的一部分。

在學校，我們總不會忘記，那些傳說中的名字。她們並不需要依靠美貌才能出名，因為考卷上的分數，競技場上的秒數，這些量化的數字就足以證明她們的不同，她們的實力。

如果剛好擁有姣好的面容，和玲瓏的身材，尤物般的胸部和長腿，那不過是用來點綴她傳奇性的花邊而已。

然後，完美女孩長大了，成為了女人。

她還是很優異，也還是很優秀，她可能在某個領域裡是知名的主管或專業人士，她令人印象深刻，或許有增添幾分傳奇性。她依然抬頭挺胸地，為自己相信的價值而捍衛而奮戰，她不怕別人說她好強，因為她天生就很強。

有人叫她女王，或在背後幫她取些綽號，女魔頭，王母娘娘，母夜叉……歷史上各式各樣拿來形容女人剽悍厲害的角色都用得上。她不在意，讀過女權的她甚至會反問，為何就沒有男強人，國王，這些綽號呢？女人難道不能比男人強嗎？

有一天，完美女人失戀了。

她好強且固執地愛著她的男人，她曾經相信他是她的全世界，而他卻離開了她。

她比誰都清楚，她會愛上的男人，絕對不是普通平庸的貨色，他可能也跟她一樣優異，讀最好的學校，或獨特的才華，極為良好的家世和出身，甚至還有迷人的笑容，和不俗的談吐。她就像去市場挑東西，她一眼就挑中了他，其他發亮的閃光的她都不要，只有她看得出他是唯一的鑽石。

這樣的男人，當然，不只完美女人想要，別的女人也想要。

而完美的男人，卻不見得需要完美的女人。

她很痛苦，這種痛苦就像被自己的雙胞胎而誤解一樣的痛苦。她以為他們是分不開的，因為她是那麼特別，他也是那麼特別，只有他們才能夠互相欣賞彼此的笑話，彼此的幼稚，甚至是彼此的驕傲，彼此的冷漠，為什麼，他卻捨棄了她？

她以為他是懂的，她以為，即使全世界都不喜歡她，誤解她，排擠她，只要他懂就好。他懂，她的好強是因為不服輸，從小都是第一名的她，不知道排在別人後面是什麼滋味，她認為忍讓是懦弱，妥協不過是退縮。

他懂，她的尖銳是因為她太聰明，因為堅持原則和信念，所以直率地去碰撞，去摩擦。他懂，她像一頭莽撞的巨獸，其實衝得很累很寂寞，但她骨子裡還是個女孩，可能比誰都脆弱的小女孩，需要愛，需要瞭解，需要哭。

他怎麼捨得離開她？他知道離開她，這有多殘酷。他拋下了一個全世界只有他懂的女人，讓她孤單地去面對這個跟她格格不入的世界。別人叫做和氣的相處，她卻無法不看見那些不認真和鄉愿，別人可以掉兩滴眼淚甩頭就走，她卻會咬著牙把所有事情盡可能做到，完整，完美。

她在這個不要求完美的世界活得很辛苦。別人說她是自找麻煩，咎由自取，天曉得她從小就羨慕那些，沒念完書也可以倒頭大睡，不考第一名也不會痛苦的平凡人。她會一邊打瞌睡也要一邊趕工作，整理東西，她總是很認真，做著她認為很重要的事，她明知道她可以不要求完美，但她自己卻做不到不完美。

他怎麼可以離開她？即使她知道自己，有些極端，絕對，甚至難相處，但是她也知道自己，老實，忠實，死心塌地。別人談戀愛可以只用一半力氣去談，但是她不行，愛情和學業對她來說一樣要很完美，要不就別愛，要不就全力去愛。

姐妹淘叫她放鬆一點，甚至放棄一點，什麼欲擒故縱，明愛故作不愛，這一套她完全學不會。她喜歡的人，她會清楚地讓他知道，她不喜歡模模糊糊，是非不明，她厭惡搞曖昧，也沒興趣耍心機。她想要的愛情和男人不需要看書才知道，她知道那就是她想要的，而她會努力達到目標，就像，小時候努力念書，把第一名抱回家一樣。

後來她才知道不一樣。

她沒學過不要考第一名，她沒學過不要凡事全力以赴，她沒學過睜一隻眼閉一隻眼，她沒學過做一件事做一半就好，她沒學過愛一個人付出一半真心就好，她每次都把自己的全部身心靈投進去，結果就是燒到連骨灰也找不到。

她的愛情只有零和一百，對她來說，不管是五十分，還是八十分，那都不夠格。

她流著淚看著他走，她會鼓勵自己或許下一個會更好。但是夜深人靜，她面對著過去的日記，和一杯紅酒的時候，她知道，像她這樣的完美女孩，比誰都難去交男朋友。

她要的不只是戀，還有愛。

她要的是一個全心懂她惜她的人，看得懂她寫的東西，聽得懂她說的語言，會陪她去過好生活，過好旅行，不會在美麗的異國吐出不搭軋的冷笑話，也不會吃不出好牛肉跟好鵝肝醬的差別。她不需要他為她擋風遮雨，也不需要他接來送去，她會自己一個人開車，工作，在任何地方把自己照顧得好好的。她要的，只是，當她疲累、孤單、寂寞、痛苦、快樂、狂喜、想哭的時候，撥通一個號碼，他就會在那邊聽她說說話。

可是，他卻常不在那裡。

她想不通，為什麼一通電話，卻比她考過的任何考試都難？

沒有回音，沒有答案，甚至，沒有訊號。

然後，有很長的一段時間，她甚至不敢承認，或不敢相信，自己已經分手了。

她不敢在臉書上變更狀態設定，她不敢昭告所有人她失戀了，她才知道，原來，完美女人，再怎麼完美厲害好強，在她心愛的男人面前，也只是一個會哭會生氣需要擁抱的小女孩而已。

而那個懂她的男人，在哪裡？

這對完美女孩來說，永遠是最難的一題。

誰是妳的女性偶像？

前天讀完了法國女作家莎岡的《日安，憂鬱》，這是莎岡在十九歲時一鳴驚人的小說處女作，僅僅五萬字的青春小說，卻在全球狂銷五百萬冊。

我買來後只花了兩個睡前的短暫晚上就讀完了。

這部小說故事雖然簡單，卻具備一部暢銷作品的應有特質：

人物鮮明，節奏輕快，事件引導人物走向意外的方向，觀眾也被吸引忍不住一頁頁往下看。

雖然，已經過了會為賦新辭強說愁的年紀，對一個每天都在應付「現實」的中年人來說，憂鬱是一種比咖啡豆還無用的消耗品。

不過這仍是一部相當優秀的小說，有愛情，也有人性。莎岡精練又直利的筆觸常讓我想到張愛玲，正好前陣子也讀了她的《小團圓》，兩人也都是年少成名，且在二十歲左右就把畢生最佳的作品寫盡了。

莎岡是一個非常任性的作家。一炮而紅之後，她就把豐沛的版稅拿去買跑車，出入賭場，一擲千金，嗑藥，雙性同居，結婚又離婚，離婚又結婚，什麼驚人的事都做得出來。

她還曾經持有古柯鹼被抓。莎岡認為，只要不妨礙他人，再怎麼荒誕也是她自己的事。

青春，自由，恣意又揮霍的人生風格，讓莎岡數度成為現代法國女性最憧憬的偶像之一。

看過一篇報導，法國女性最崇拜的偶像前三名：克蕾特（Colette），莎岡和西蒙波娃（Simone de Beauvoir）。都是女作家，且克蕾特和莎岡都是富有魅力的迷人女性。

如果在台灣，這排名可能是，孫芸芸，小S，賈永婕？（豪門少奶奶，住豪宅的女明星，還是豪門少奶+女明星）

當然啦，這兩份偶像名單或許有「當代」（歷史人物）與「現代」的差別，但是如果台灣女性要票選一份當代女性偶像，我想候選名單就會令人大傷腦筋了。

譬如：張愛玲（作家，漢奸情人或許引人非議），林徽因（建築師，但沒看過「人間四月天」的人可能不知她是誰），秋瑾？（為國捐軀實在太苦命了），陸小曼（有美貌有才氣但抽鴉片太糟糕）。

照法國人的觀感，要成為偶像，道不道德不是標準。

他們從來就不是用道德來衡量一個人價值的民族，要成為女性偶像，最重要的是：知性，才氣，迷人。

美貌不必是重點，法國女人即使長得不美也能夠風姿綽約，電力無窮，但她們永遠不會放縱自己的腰圍跟容貌，對她們來說，放縱身材簡直比偷情更令人難以忍受。

我曾經在法國里昂遇過一位導遊，她陪我一整天的市區導覽。她穿著合身的上衣跟長褲，腰間繫一條細細的皮帶，都不是時裝雜誌上當季的款式，看起來卻魅力十足，更令我好奇的是，她的腰似乎比我的還細。

我們一起吃中餐，我看她非常節制地切著盤裡的起士，一口一口咀嚼，優雅地搭配著紅酒。

經過半天的相處，實在忍不住了，我開口問她，

「夫人，不好意思，因為妳的身材實在太好了，很想請教一下妳年紀多大？」

她淺淺一笑，反問我：「妳今年幾歲？」

「二十六歲。」我回答。

「那我兒子比妳小一歲。」她微笑時眼角也漾起皺紋，依舊很迷人。

這個答案令我瞠目結舌，當下我不敢再追問她的腰圍幾吋，因為我害怕如果我的腰比她粗，那我真的是羞得要鑽到地底去了。

我一直很佩服法國女人的風情萬種，走過英國，德國，西班牙和義大利，我還是覺得法國女人是世界上最美麗的人種。

當然不是每一個法國女人都長得很美，但是她們非常清楚自己的優缺點，而且從不用過度的打扮來折磨自己。

她們總是穿著合宜又樣式簡單的衣服，可能是一件連身裙，或是一件合身但不緊身的七分褲或九分褲，背著一個看不出來是什麼牌子但很有品味的皮包，畫著淡淡的妝，朝氣十足地注視你跟你說話。

法國是名牌輸出大國，Chanel，Hermès，Louis Vuitton，Christian Dior…… 這些全世界女人為之瘋狂的大名牌，都從這個國家被設計和輸出，但當妳真的認識所謂的法國女人，卻很難在她們身上找到這些名牌。

她或許有一個媽媽傳給她的 Chanel 小皮包，或者有一本磨損到看起來非常古舊的 LV

記事本，無論是哪種名牌，在她們的手上看起來都像是與生活融為一體的小物品，既不突兀，又不虛華。

每次去法國旅行或出差，我總有一種戰戰兢兢的感覺。

並不是擔心自己的行頭會輸人，事實上法國人也從來不是以貴氣取勝的，而是無論我穿上多時髦的大衣，配上多好看的靴子，吃飯時如何力持優雅與冷靜，在她們的身邊，我永遠就像一個缺乏女人味的小孩子。

時間越久，我越明白她們的魅力並不是來自於打扮，而是深層的知性。

她們最感興趣的話題常常跟政治與時事有關，或許妳很難相信，但我曾經跟兩個法國女人在餐桌上討論她們的週休制度（法國從二〇〇二年改為一週上班四天半），從批評政府到檢討各行業的利弊得失，就講了一個鐘頭左右。

她們掛在嘴上推薦的，從來就不是哪個百貨公司在特價，而是最近哪個博物館正在展什麼，妳有時間一定要過去看看。

聽說法國人不知性會死，我想是真的，但我們也無須刻意模仿那種學不來的知性，我們有我們自己的風格與特色。

我在這裡想提出的，只是法國女人的魅力從何而來。那是一種從祖母時代傳到母親，再從母親傳給女兒的數百年累積，這已經成為她們身體裡的一部份，就像妳媽媽是捲髮所以妳也是捲髮這樣的自然。

讀完莎岡的這一本書，突然讓我想念起以前見識過的，法國女人的種種風貌。

那麼，屬於台灣女人的風貌與特色，又會是什麼呢？

堅毅，認真，踏實，有肩膀（台灣女人常常工作與顧家並行），可愛，熱情……

或許可以建議時尚雜誌，下次不要再舉辦什麼無聊的幸福多金女票選。

那離我們太遠，也太不實際。

原本的妳是最美

這些年拜韓風入侵亞洲之賜，整型不再是一個不好意思公開談論的話題。女孩子利用長假期間讓自己修修臉，甚至利用下班或午休時間去打個針，都不是什麼需要大驚小怪的事。在自己的臉上注射入某些非自然的東西，好讓鼻子像劉嘉玲，臉頰像孫芸芸，嘴巴像金喜善，總之，想變美麗，有錢就能辦到。

然而，任何一個人應該都對這樣的新聞有印象，某過氣或退隱明星，在多年後被拍到的相片，大家往往驚訝，她的容貌為何以驚人的速度在老化或變形，這時候你才發現，你家那沒錢也沒閒去整型的老母，竟然還比這位明星來得正。

為什麼會這樣？當年那個在螢幕上巧笑倩兮的大美女上哪去了？理由很簡單，因為「整型，是向時間借青春。」

美麗是一種極為主觀的東西，天底下沒有一個女人，是容易對自己的長相跟外貌感到滿意的。豐滿的希望自己能夠有雙長腿，腿直的就怨嘆自己胸部不夠大，眼睛大的羨慕鼻子挺的，有鼻樑的就希望自己再白一點……。

不管長得什麼樣子，都可以從自己身上挑出一點不滿意的地方，這就是女人。

長相容貌身高甚至體型受之父母，有些人青春期什麼都沒吃就是D罩杯，有些人一天吃四餐還是根瘦竹竿，有的人猛冒痘子，有的人皮膚卻好得吹彈可破，這世界就是這麼的不公平，我想說的是，與其去計較這些不公平的地方，不如好好找出自己的優點到底是什麼。

以前因為工作的關係，每次到歐洲出差，我常有機會和某些法國女性長時間相處，不見得是印象中比較時髦的巴黎潮女，即使是在一個小城市甚至鄉間小鎮工作，已婚或未婚，無論是何種年紀的法國女人，都有一種獨特的魅力。

歐洲男人最肖想談戀愛（包含外遇）的對象就是法國女人。她們自小就懂得如何散發魅力，台灣的媽媽流行讓女兒學鋼琴學舞蹈，法國的媽媽則在教女兒該如何梳頭髮綁絲巾。

每次到巴黎，我總是不由自主對街上的那些女人目不轉睛。但是，她們絕不是人人都是天生的美女，客觀地以容貌來說，許多法國女人的五官並沒有像電影明星那樣精緻或立體，我相信她們之所以富有魅力，純粹就是因為掌握住了自己的優點，穿了讓自己感到舒服的衣服而已。

我以往接觸的法國女人，通常是經驗豐富英語流利的導遊，觀光局代表，或者受訪單位的公關或經理，也因此，她們往往都不是年輕小姐了。和她們談話的時候，妳可以清楚看到她的皺紋，但那些皺紋看來都很可愛，就和本人一樣富有魅力。

法國女人自在地接受讓年歲在身上停駐的事實，但又能以青春的心，去迎接人生中各個階段的挑戰。有幾次我在街頭看到五十多歲的法國女人穿著洋裝踩著高跟鞋，旁若無人地與情人擁吻，那種浪漫和熱情實在令我害羞，若問我五十歲的時候有沒有勇氣做這種事，我可能還辦不到呢。

說真的，如果我聽到我老公的外遇對象是法國女人，我大概會煩惱得睡不著覺。

我一直很希望成為，到六十歲的時候，還能坦然面對自己容貌的女人。

年過中年之後，無可否認地，臉上的魚尾紋，不知何時冒出的小黑斑，無可抵抗的地心引力，正拉鋸著身體上的每個部位……在照鏡子的時候對自己越來越不滿意，在服飾店拿著一件心儀的衣服往前一比，悲哀地承認：「這件衣服什麼都好，但我不能穿了，因為臉老了。」這些時刻只會越來越多，提醒著歲月流逝的無情。

事實上，我還因為生產後莫名其妙的體質改變，這幾年一直在和蕁麻疹的過敏和紅斑抗戰，無法控制自己的身體與病痛，只能學習接受跟理解它，這似乎是上天給我的一門功課。

我也還在學習，能像法國女人那樣，無論幾歲，都能自在地和自己的歲數，容貌，與身材相處。如果胖了一點就不要穿太短的裙子，腰圍粗了一點就穿寬一點的上衣，假睫毛學不會就上睫毛膏吧，淡妝或許比濃妝更適合熟女呢。

也許，每個女人想呈現出自己最美的樣子，第一件事，就是先接受自己原本的樣子。

素顏的魅力

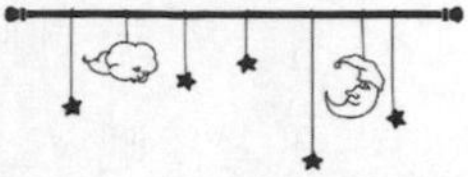

看日本ViVi雜誌得到的靈感。雜誌訪問自家名模藤井Lena，有關男女戀愛及約會的想法，Lena提出一點：

「女生如果不能讓人看到素顏，一切就結束了。」

好殘酷的看法啊！

Lena的意思是說，為了能夠素顏見人，所以女生必須要努力保養，創造清透美麗的肌膚，當然，柔順的頭髮也是很重要，這都是打造素顏的關鍵。

而且Lena認為，能夠素顏的女生才能夠真的受到男性的歡迎。

這一點我就不敢說了，因為青菜蘿蔔各有所好，或許有的男生就是喜歡濃妝妹。但Lena擁有女神般的條件，更何況像我是熟女了也覺得她真的很可愛（聽說只要她穿過的款式都會大賣），所以她的發言不可不謂其影響力。

好像是從前年開始的，許多電視上的談話性節目吹起了「女星素顏大公開」的單元，「康熙來了」可能是始作俑者，總之，開始吹起這股風潮的時候，我家已經沒有裝第四台了。

應該算是幸運，我跟老公丹尼爾的眼睛因而少了許多被殘害的機會？有時候遇到某些人聊起八卦，如果對方提起：

「對了，前陣子那個×××素顏，結果真的是判若兩人哪。」這樣的話題我完全無法跟隨，因為我完全沒看到該女星的素顏樣，無從驚嚇與比較。

事實上，我不看第四台之後，我連該女星（不好意思可能是沒那麼紅的），化了妝長什麼樣子都不知道。

曾幾何時，我也變成那種完全素顏出門，會沒有安全感的人。

我對化妝品的接觸很晚，大約是在二十一歲大四那年，為了應付一些面試，才開始學習畫眉毛（好啦，其實之前眉毛連修都沒修過），跟上粉底。至於眼影，那兩三年間也只買過兩盒，口紅，是有過幾支，眼線？完全不知道那是什麼玩意兒。

踏入社會之後，去上班的地方一直都不是需要正式套裝跟化妝的場合，因此我的化妝其實是時有時無。

心情好的時候就化，不好就不化，有記者會要參加就化，要趕稿加班就不化。總之可以化也可以不化，完全不化會有個缺點，就是偶而化的話，同事會覺得妳今天是不是有點「特別」。那如果是一週五天內至少有兩天有化，那化妝的那天就不會太引人注目。

真的，比較，開始，認真地好好化妝，其實是這兩三年的事（我竟然這麼老古板，說出來真令人害羞），也就是三十歲以後的事。而且喔，所謂的「眼線」這玩意，我是到去年才學會。

年紀大了，皮膚跟臉蛋真的有差。我現在已經不否認我有張老臉的事實，有些衣服穿了就是很怪，有些造型搭上就是不妙，這就是年紀到了。

是人都會老，三十歲以後我明顯感受到，現在已經不是看什麼衣服喜歡就可以拿來穿的年紀了。然後，很殘酷地發現，沒有了遮瑕膏，沒有了粉底，沒有畫眉毛，就這樣白白淨淨地出門，看起來並不會很像學生，而是像一個歐巴桑。

所以像我這種週末完全被小孩困住，忙到沒有時間梳頭的媽媽，要出門還是會勉強上個薄的粉底液，跟簡單的眉毛，稍微可以讓自己有勇氣走到百貨公司裡去。

並不是因為怕遇到熟人（我的朋友對我的素顏都很有印象），而是因為置身那漂亮的購物中心裡，看到那麼多年輕女生化得美美踩著高跟鞋（妳看過穿高跟鞋帶小孩的媽嗎？她一定不是自己帶），我希望在洗手間與她們並排而站的時候，自己看起來不會那麼沒精神。

Lena小姐說的「努力維持清透的肌膚」，我自己覺得是很困難的事。

像我本身不是膚質很好的人，大學時候還曾遭遇內分泌失調，滿臉痘花巡訪名醫的慘痛經驗，所以非常羨慕天生麗質，肌膚吹彈可破的女生。

熟齡的我現在才明白，素顏其實是一種青春的證據啊。

我一直覺得，在各個世代的女性之中，最有資格素顏的女生就是小女生跟老女生。

小女生，泛指零到二十歲的女生，老女生，則是六十歲以上的女生。

這兩群女生，如果很幸運地在當學生或是已經退休，那麼素顏就是理所當然了。

小女生，是很有素顏的本錢，而老女生，則是自然地讓皺紋流露，那也是另一種美。

我甚至認為，素顏應該是女人談戀愛的武器之一。

第一次約會，跟喜歡的人，女生一定會把自己打扮得好好的，穿上最近最喜歡的衣服，化上一點妝，然後好整以暇地去赴約。

但是，如果第二次，第三次，甚至是到第十次的約會，女生都是一樣的精心打扮，男生不會覺得很無趣嗎？

如果，在這其中的一次，可能是週末的約會，或者是下班後各自回家再出來碰面的深夜約會，妳稍稍放鬆自己，穿上寬鬆的休閒服，素顏甚至戴著眼鏡去跟他見面，他應該會覺得很有新鮮感吧。

畢竟，對男人來說，那個打扮且化妝過的妳，是屬於絕大多數人的。但是，素顏的妳，卻是屬於他獨一無二的。

就算妳化完妝之後美得跟仙女一樣，但是要讓他有衝動娶回家，每天早上醒來就想看到的那個妳，是素顏的妳。

安全感女人

這世界上，有一種女人，當你和她在一起的時候，會有無比的安全感。

我的好友碧，就是這樣的安全感女人。

我們十六歲就認識了，到現在，認識彼此的長度，已經超過歲數的二分之一，而今後，我們陪伴彼此的時間，只會在人生的比例中越佔越多。

我有一群這樣的朋友，國中同學，高中和大學的社團同學，跟任何一個人在一起的時候，我不必解釋任何事，甚至不需要提起自己最近在做什麼，我們就可以很自在地開啟任何話題。

碧也是這樣的朋友之一，不過她對我而言卻還要更特別一點，從十六歲到十八歲的那兩年，我和她在一起的時間比家人還要多。

我們同社團不同班，但一放學就黏在一起。我記得，我們總是在放學後，走過那長長的總統府前，再走一段到館前路去補習，不補習的日子，路徑依然一樣，只是一起在重慶南路等公車。我回家的公車，其實學校門口明明就有站牌，但是為了可以跟她一起，我每天都陪她多走幾百公尺去等車。

碧是我認識的女生中，最溫柔的一個人。或許因為我自己個性裡最欠缺的就是溫柔這一項，所以我格外喜歡也格外羨慕溫柔的人。

我欣賞的溫柔，並不是猶豫不決或優柔寡斷的那一種，而是以溫柔體貼的角度，去理解別人所說的語言跟立場。

以前在高中社團，感情再好的我們，也會有猜忌，有爭執，有任性與不諒解，但是不管是誰做的事，碧永遠都會用一種溫柔的態度去包容對方。

那是一種非常神奇的力量，我深深地被這種力量吸引，只要跟她在一起我就感到非常安心，我知道自己永不會被誤解，即使小小地放縱也會被原諒。

後來我們讀了不同的大學，依然密切地來往，直到今天。我們總不會忘記每隔一段時間就給對方打電話，買到喜歡的東西就多買一份給對方，一起逛街，一起講很多很多的話，我們會向彼此，鉅細靡遺地描述自己身邊的人跟生活狀況，因此即使沒有見到對方的全部朋友，那些名字也都是熟悉的。甚至包括家人的狀況，我們總是隨時可以切入一句「妳媽媽最近身體怎麼樣」或者「我姐她上次去哪裡哪裡」，這麼多年來從沒有隔閡。

碧到哪裡都很受歡迎，不管是在學校，或者是公司，她永遠是那個表現最好卻不會使人嫉妒的人，因為她總是那麼大方無私地幫助別人，總是那麼溫柔地聆聽別人的痛苦與埋怨。

以前她的工作必須與客戶面對面，非常跋扈的人直接拿起茶杯裡的水往她臉上潑，她也不生氣只是繼續耐著性子向對方解釋公司的立場，說到最後連那客戶也認輸了。這就是她，如果哪裡發生了戰爭，我相信她就是那個能夠用幾句話就使對方收起刀劍的大使。

她在任何團體都會成為核心，因為她是那種很容易被人需要的人。有難題妳可以找她幫忙，有牢騷妳可以找她吐露，作為她的同事或朋友，妳可以把自己最難堪的那一面攤給她看，知道她不會嘲笑妳，還會用最包容的態度來理解妳。

在她的家族裡，兄弟姊妹們有事一定第一個找她商量，連爸爸媽媽也不例外，家裡大事小事誰生病誰闖了禍，爸媽都先打電話跟她討論。她不是老大，卻像是一家之主。

我每次很生氣的時候，就會想要打電話給她。因為她可以使我的情緒平靜下來，再憤怒再痛苦的事，只要告訴她，就像震波被稀釋了一樣，我會慢慢從她溫柔的安慰中，找到正確的方向。

碧結婚的時候我非常激動，就像把自己最心愛的東西拱手讓人一樣，我參與了她人生的每一階段太多太多，對於這個真正能夠佔有她溫柔的男人（其實也已經是我的好友），我感到十分嫉妒。

我還記得結婚那天碧請的攝影師，要我錄一段祝福的話，我說的是：「你這傢伙，知道自己是這世界上最幸運的男人嗎！」

我有時會想，有些女人為什麼很漂亮也很完美，卻引不起男人求婚的興趣？

我有時會想，真正讓男人有衝動，想把身邊這個女人打包回家的原因是什麼？

在碧的身上，我找到了答案，或許不能用來解釋以上全部的疑問，但可以作為答案選項之一。

那就是，一種使人能夠信賴，能夠放鬆，想要擁有，想要緊緊握住的，安全感。

謝謝你陪過我

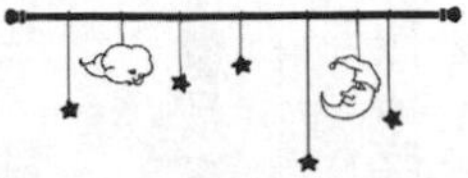

有個政治圈的幕僚人物爆出醜聞，內容大致是他騷擾某大學女生，坦白說箇中過程我並不是很關心，但最妙的是該熟男在被媒體屢屢逼問後，突然吐出一句：

「我到底強姦了誰！」

那天，我看到熟男這句發言的時候，（當然，他本意是在說媒體都在強姦他），不禁啞然失笑（不好意思我比較沒有同情心），因為多年以前，敝人曾經被「跟我搞曖昧但我不確定他是不是在追我」的某男吼過一句：

「我有碰妳嗎？」

同時，爆出醜聞的這位熟男，又一直宣稱他和某女星曾經交往過，還發表：「我很難過她說我們只是朋友。」讓大家看得霧煞煞，到底誰說的才是真的？

我曾經寫過的一句話：「感情裡的真相，只有那兩人才知道。」

到底是有交往還是沒交往，到底你認定的曖昧，跟我認定的追求，到什麼程度，這實在是熬煞每個人的大問題。有的男人認為我只是跟妳打一炮，不算要追妳，有的女人認為我只是常跟你出去吃飯看電影，你不是我的男朋友。

麻煩就在，我們因為在乎這段感情，不想輕易搞砸，所以我們總是小心翼翼，總是膽戰心驚，我們連去問：「喂，你到底想怎樣啦！」這樣的勇氣都沒有。

先分享當年我的故事吧。

故事要從我在芝加哥過的第一個（也是唯一一個）聖誕夜說起。我住在國際學生宿舍，winter break 幾乎全校的人都跑光光了，日本同學飛去歐洲玩，找親戚，就連大陸朋友都集體租車到鄰州去度假。我之所以毫無計劃，是因為我的碩士課程本來就只有一年，且我的錢僅足夠繳完昂貴的學費跟基本的生活費而已，旅行對我來說是極為奢侈也極不可能的事。

我只有一個想法，不用出門就不用花錢，即使代價是很寂寞也很無聊。

意外接到學生會長的邀約，說有個住在城外的老學長邀學弟妹過去過節，實在溫馨得要令人流淚，不愛社交的我開心赴約。因為大家都出城了，參加的人只有三人，包括一位頗具才華的學長。

這位學長簡直就像少女漫畫裡的男主角，有才華，長得帥，唯一不同的是他很窮，不過沒關係，錢對我來說從不是個問題。理論上他是有女友的，他也在一開始就向我坦承（厲害吧？他沒有要騙妳喔），但他女友距離我們很遠，因為我們在美國，但他女友在台灣。且，他跟女友交往不久（更厲害，回個台灣度假也能拐到一個女友），也就是說他們感情不深。這好像是理所當然的判斷。

從認識開始那天，他幾乎天天給我打電話。我和他都沒有手機，唯一聯絡的方式是透過 E-Mail，或他公寓跟我房間裡的電話。那年代連 MSN 都沒有，在網路上隨時要找到人簡直比海裡撈月還困難。

我電話附有答錄機，每次我只要去上個廁所回到房間（宿舍是公用衛浴），看到答錄機有留言，心臟就跳得快要爆裂出來。

如果我記得沒錯，我們大概第一次講電話就講了好幾個鐘頭，第一次單獨出去就是開車去城外的IKEA（長途開車是一個多好的機會），明明我就才認識他第三天，他就帶我去逛家居店，買盆栽跟餐具還問我的意見。

回想起來，曖昧男女如果一起去看房子，逛家居店，甚至喝喜酒，參加婚禮，會產生一種莫名其妙的幸福感。

無論你是男生還是女生，如果你想追求某人，這招真的很好用。

他曾經坐在我房間裡，我們就是泡茶吃點心聊天，從白天講到晚上。

他也曾經不辭辛勞地去買材料，到宿舍的公用廚房，作菜給我吃。

我承認，我是第一次遇到有男人做菜給我吃。

問一下女性同胞，當妳看到一個優雅又文采洋溢的男人，竟然仔細地切菜，用他細細長長的手指醃肉，就為了做菜給妳一個人吃，妳會不感動嗎？啊，我就是這樣被沖昏頭的。

當他的招數都使盡，他就突然退後了。

還不至於到人間蒸發的程度，但是他幾乎不主動打來了。我打去，寫E-Mail給他，也都還能得到回應，但他似乎就沒之前那麼殷勤了。於是，我陷入了一個困境：他到底有沒有要追我呢？

在我的理解，曾經宣稱要追我的男人，做的甚至都沒有他多，可是他又沒講明，而且現在又退後了，那到底他想怎樣呢？

某次在雪地裡的散步，我鼓起勇氣問他：

「有沒有可能我們不只是朋友呢？」

「可是妳對我來說，就是很好的朋友啊。」

他還滿臉笑容地回答，可惡。

等到兩三個月後，課業的壓力和單戀的痛苦已經快把我逼瘋時，我突然得知了一些他過去的傳聞，不是很明朗，但類似這種釣女生的招數已經不是第一回，甚至讓對方身心俱疲等等的。

我開始懷疑，我會不會只是廣大沙漠裡，一個被海市蜃樓引誘的迷途旅人而已？

所以我在電話裡，鼓足勇氣說出我認為一句並不算過分的疑問句：

「我在想，會不會，我也只是她們其中之一？」

沒想到，向來溫和有禮，斯文謙和，幾乎不像會發脾氣的他，突然惱羞成怒，在電話裡對我怒吼：「妳以為妳是誰！我又沒碰妳！」

如果大家以為故事到此結束，錯了，當他對我大聲，我已經非常意外，但更意外的還在後頭。他像一頭被惹毛的獅子，在電話裡不斷地鬼吼怒叫，竭盡可能用各種最可怕，最惡毒的字眼來羞辱，咒罵我，我無法讓他停止，因為他甚至不給我插話的空檔，他就這樣不斷罵，不斷吼，大概持續了三十到四十分鐘以上，到最後我已經完全被嚇傻，即使道歉，說對不起，他也還是無法停止。

過度驚嚇的我，連「直接把電話掛掉」這個選項都忘了，因為我只是抓著話筒一直發抖，不知道該怎麼辦。

等他終於發洩完，好像突然想起什麼，才恢復平日的語調，問我：「妳要不要說什麼？」

我呆呆地回答：「沒什麼好說的了。」然後我才趕快把電話掛上，掛掉之後我腦袋一片空白，直到打給台灣最好的朋友，說第一句話的時候我才突然爆哭出來。

這過程因為太戲劇性了，我幾乎不知道怎麼解釋給我的日本好友聽，她們都非常喜歡他，沒有辦法想像他是個惡魔。我在宿舍的好友，講中文的，不講中文的，都認定他在追我，認為我們是適合的一對。

過了幾天，我比較冷靜下來，把心情整理好之後，我終於從其他學長口中，得知了他的過去。我思考著他說「我又沒碰妳」那句話的涵義，原來，這句話背後真正的意義是：

對，我以前都會拐女生上床，然後把她們搞得慘兮兮，但是這次我很小心，我只是跟妳搞搞曖昧，連妳的手都沒牽，然後妳還以為妳就成為她們其中之一？那你們這些人也太過分了吧！對女生好有錯嗎？帶她出去，做飯給她吃有錯嗎？我什麼好處都沒拿到，就說我這樣那樣！

回歸到那句話：我到底強姦了誰！

當然，事後他對我道歉，但那已經沒有用了。我們甚至在圖書館偶遇，他叫了我的名字，但我只是像見到鬼似地，頭也不回地拔腿跑掉。

在我的經驗法則裡，一個會動輒惱羞成怒的男人，就不是什麼值得妳去交往的善類了，我講一句比較狠的，連朋友都不必做了。

惱羞成怒，不僅僅是男人EQ很低的問題，也代表他經不起挑戰，經不起探問。

妳認真地想要瞭解他，但他卻以發脾氣來閃躲。這樣的人，要不就是祕密一籮筐，不僅無法對他人坦白，也無法對自己坦白。

放大到家庭和事業上，禁不起壓力，臉皮薄又愛面子，這樣的男人，成得了大事嗎？會有傑出的表現嗎？他不會在危急的時刻，踩妳一腳然後離妳而去嗎？

這故事，我老公已經聽了N遍，我之所以能夠完全說出來，是因為它對我來說，就像我生命中曾經發生過，一個小小的刻痕了。

我祝福他，並不怨恨他，甚至感謝他，曾經陪我在那麼寂寥的留學生活中，度過了一段美好的時光。

我常常擔任好友的安慰者，失戀的，受傷的，吵架的，我總是傾聽著不同的故事。無論結局是什麼，我都會對她說：

即使他傷害了妳，但是你們在一起，那些快樂的時光，卻是真實存在過的。

妳無法否認，在那些時刻裡，你曾經享受過，真實的感動，真實的喜悅，還有真實的愛情。

妳的感受是真的，是屬於妳的，沒有人能夠奪走那些經驗，那些體會。

無論他傷害妳多深，離別是否帶來痛苦，妳已經擁有了那些美好的過去和回憶。

而我們人活著，所有的事物，都是生不帶來，死不帶去。

我們活著唯一的目的，並不是為了得到什麼結果，而是為了收集，許許多多的人生體會，快樂的，痛苦的。

而能夠給妳這麼深的快樂，又這麼深的痛苦的那個人，他的存在對妳而言，必然具有某種特殊的意義。

了解這個意義，妳就會釋懷，因為妳已經擁有了，妳必須體會的快樂和痛苦。

想到這裡，妳難道不感謝這個人嗎？即使他很爛，他很糟，但他確實影響了妳。

他也不過就是一個，豐富妳人生經驗的過客而已。

跟他揮揮手，再搭上下一班列車吧。
誰知道，下一個要去的目的地，不會有更美的風景呢？
在新的旅程，不會遇到讓妳愛得更深的人呢？

祝福妳，也祝福他。

給親愛的妳

親愛的H：

今天早上起床之後，突然有種衝動要寫一封信給妳。

這麼多年來，我最開心的時候，最失落的時候，最挫折的時候，妳一直都在。

最喜悅的時候，我最想要第一個跟妳分享。「我拿到芝加哥的入學許可了！」、「我要結婚了！」、「國藝會的小說補助金我拿到了！」、「我要開始寫劇本了！」許許多多，我人生裡的最重要時刻。

最痛楚的時候，我也總是第一個告訴妳。「我們或許要分手了。」、「我很想念他，但是我不知道我該怎麼辦？」、「我好憂鬱，覺得沒有意義看到明天。」

每一次我的心情墜入谷底，覺得自己在大海的深處，抬頭仰望，我連月光都看不見的時候，只看到妳對我伸出的手。

有一年，當我在太平洋的那一邊，大湖旁的城市裡，寫完 paper 要鑽進被窩的半夜，我接過妳的電話。

有一年，當妳在大西洋的這一邊，妳熬著睡眼惺忪等我到凌晨，只為了跟我在 MSN 上說上幾句話。

我知道妳永不會拒絕我，只要我打電話給妳，妳總會用溫柔的聲音回應我。而面對妳羞愧的我，竟然曾經那麼深深地嫉妒妳。

那一年，我們一起進雜誌社。已經在職場上虛耗了一年的我，嫉妒妳才剛從學校畢業。

我跟妳的外語能力算是同事中比較好的，但妳的英語比我更精準，輔修法語的背景更勝過我才初學的程度。我身邊很少有朋友像妳我一樣熱愛學習外語，作為同事，妳的存在對我而言是種壓力。

我不太嫉妒別人的容貌和身高，雖然妳兩樣都有，但因為我從小就是平庸之人，對我這種知識狂的勢利眼來說，只有擁有卓越才華的人才能夠使我目不轉睛。

而我卻不得不嫉妒妳，因為妳擁有令我望塵莫及的文采天份。

我讀妳寫的文章會起雞皮疙瘩，會想替妳起立鼓掌。妳的文筆會刺激我這個打算以文字為志業的人，讓我懷疑自己是否有這本事，因為我知道我一輩子也無法寫出如妳般的好文章，那樣的精彩細膩又觸動人心。

更要命的是，這樣的妳卻一點都不討人厭。

妳對每個人總是那麼溫柔體貼，妳總是用最真心的方式去關懷別人，妳並不是說說或做做樣子而已，當妳擔心的時候我知道妳是真的擔心。

妳對自己的工作總是要求完美到嚴苛的程度，文字的咀嚼，攝影與美術的編排，每一個環節妳要求得連我這個處女座也自嘆弗如。

我常在想做編輯和做記者的那麼多年間，即使後來我們不在同一家雜誌社了，我卻從來不曾偷懶也不敢偷懶，或許是因為有妳在。

如果我只是敷衍著書寫，把英文旅遊書的文字照抄成中文，如果我沒有那麼仔細地去校對排版後的地圖跟資訊，如果這是一本會被讀者唾棄的書，我一定不敢拿給妳看。

妳的認真會讓我自慚形穢，如果想要追得上妳，我就不能馬虎應付，或許隱隱之中我一直有這種動力。

像我這樣對自己工作要求高標準的人，別人寫的別人做的我一向看不上眼，只有妳，我會向別人真心地推薦妳，因為我知道妳的標準比我更高。

妳或許早就感受到我對妳的嫉妒，但妳卻從來不恨我。

妳總是把妳最私密，這世上只容得妳跟他知道的祕密，告訴了我。

我不懂為何妳敢如此信任我？基本上把祕密告訴別人就是一件冒險的事，何況是把這麼大的祕密只告訴一個人，妳竟然選擇了我。

獨自一人保守著妳的祕密讓我有種虛榮感。讓我覺得我是妳最重要的朋友，讓我覺得自己在這世界上佔有一個特殊的位置。

開始寫作劇本之後，我離開了妳。或者說，這麼多年來，我們終於各自去做各自未完成的夢想，我們不再處在同一個競爭平台上。

有時候，我不得不承認，我進入了一個有如迪士尼樂園的地方。演藝圈。

這裡有那麼多光彩炫目的事物吸引著我，身在這樂園中的每一個人，所做的事都像是一場表演。

我們表演給外面的觀眾看，然而我們身處的這個世界卻又這麼真實。

就好比這幾天，我寫的第一部電視劇正式播映，我看到有那麼多人因為我們的表演而感動，但同時我也照顧著自己的家庭。

或像現在的週一早上，我打開電腦又要投入一個全新的劇本裡，這是一個未知的世界，我還在摸索著，但是沒有人知道我在這裡。

當我打開電視，看見自己的名字，打開電腦，看到那麼多不認識的人討論著這部戲，然後關上電視，關上電腦，我其實就是一個要寫劇本才交得出房租，要花時間和心力照顧老公與女兒的平凡妻子與母親而已。

身處在虛構與寫實的交界，原來這就是做戲的人，我終於明白這種奇異的感覺。

觀眾們拍手鼓掌的對象，已經離我好遠。那是我在去年就告別的作品，不管怎麼樣，那都已經是過去式了。

對我這樣一個天天都在創作的人，如果始終把自己寫過的做過的事揹在身上，那會是一件很沉重的負擔。

我的選擇通常是，創作時候好好痛快享受，結束時瀟灑告別，然後頭也不回地離開，往新的目標走去。

我不知道妳是否能夠完全理解我說的，但我相信妳會懂的，因為妳一直是那麼了解我。妳知道我只是很執著要把事做好，只是非做自己最喜歡的事不可，只是想做一些可以感動別人的事。

妳始終都了解，我的自私，我的嫉妒，我的虛榮，我的固執，而妳一直都溫柔地包容著這些，從來不離棄我。

妳始終都了解，對我而言最重要的是什麼，我真正在乎的是什麼。什麼事我可以一笑帶過，什麼事卻會真正地刺痛我。

妳始終看得到我最善的那一面，妳知道我對人的愛，對人的關懷，對人的理解。我的可恨與可愛之處，妳是最了解的，因為妳不會誤解我。

在這樣一個特別的四月天，在我們認識十週年的前夕，我很開心，妳即將要迎接一個新生命的誕生，應該就是這幾天。

我很高興，妳將進入這個我所處的世界，與我一起分享作為一個母親，真實的快樂與驚喜是什麼。

當妳獨自一人在這個世界，當妳想起這世上有一個小生物好需要妳，他所有的眼神與喜怒哀樂都因妳而牽動，妳會感動得哭了，會為自己能作為一個母親，而感到真實的幸福。

我會為妳祈福安產，祈福他是一個健康的生命，然後陪著妳，去迎接這一個妳人生新的階段。

不管妳在哪裡，我都會在的。

Love,
Kelly

POST

Chapter 2

一人以上，兩人未滿

到男人心裡去的路通到胃

張愛玲鼎鼎大名的小說《色，戒》裡有這一段文字：「到男人心裡去的路通到胃。」

作家這樣解釋：「男人好吃，碰上會做菜款待他們的女人，容易上鉤。」

那女人呢？「到女人心裡的路通過陰道」，這下聯還真使人羞。

小說後來給名導李安改編成了電影，無論小說還是電影，主題都在「女人的陰道」更甚於「男人的胃」，女主角王佳芝臨前放走了大漢奸易先生，是成也陰道，敗也陰道，嘆，難道這是作家想傳達的意涵？

先讓我們放過陰道。這篇，我想探討看看，到男人心裡去的路，真的通到胃嗎？

多年前曾有一部日劇叫做「水曜日的愛情」，描述一個容貌姣好的熟女寡婦，在丈夫驟逝後，她勾引高中好友人夫的故事。編劇設了一個微小而重要的情節，人夫的妻子是職業婦女，跟一般尋常的上班族夫妻一樣，兩人多年來的早餐，都是簡單的吐司配牛奶。

致命的是，美麗寡婦有遺產不虞生活，她出的第一招，就是做了一整套豐盛的日式早餐，邀請人夫前來。剛煮好的熱騰騰米飯，帶著油脂的現烤鮭魚，還冒著煙的味噌湯……當這一道道可口佳餚在桌上等候著，就算是以愛妻家著稱的人夫，也無法抵擋熟女笑盈盈遞上夫妻碗和一雙筷子的誘惑！

危險的不倫關係於此開啟，女人先把男人弄上了她的餐桌，幾頓早餐晚餐之後，男人終於上了她的床。

這段故事真叫所有的大老婆們看得膽戰心驚！

因為它是那麼貼近於現代夫妻的寫實生活。試想一個場景，一個男人回到家，面對的是冰冷漆黑的空蕩屋子，或是兩盒令人提不起勁的排骨便當；另一端，則是一整桌剛燒好的熱騰騰飯菜，有魚有肉，還有現炒的香味。

換做是你，你比較想跟哪個女人一起吃晚餐？

倒不是因為我自己會做菜，就特別鼓吹做菜對愛情關係加分的好處。我會做菜不是刻意學習的，我的經驗和絕大多數留學或在國外生活過的人一樣，不分男生女生，人在異鄉，總是習慣吃自己老家的味道，外頭買不到，只得逼自己煮。

我愛吃台灣傳統的甜食，中國城一杯珍珠奶茶要賣美金三塊錢，留學生省錢省得緊，我乾脆學煮珍珠，還做豆花、杏仁豆腐、紅豆湯、綠豆稀飯……事實上這只是雕蟲小技，我還聽過有些朋友，不只會做臭豆腐，甜不辣，就連月餅、年糕這種高難度的中式點心也都動手自己做！

說真的，一旦開始學著自己做菜之後，就會發現做菜的優點。自己做，可以控制味道，口感，份量，這是在外面怎麼點菜也無法比擬的。

例如我也愛吃義大利麵，但是台灣的義大利麵總像中式炒麵，常有人報哪家好吃，去吃了也總令人失望。其實義大利麵在義大利並不是主食，而是介於前菜和主菜之間的一種塞牙縫的麵食，或做為前菜的角色，也就是說吃麵並不是要來「吃飽」的，重點是吃它精緻而細膩的味道。

義大利人看台灣人怎麼煮義大利麵肯定會昏倒，一團雄赳赳的直麵條全給煮成了軟趴趴的陽痿麵！每次義大利麵一點上桌，我只要看那麵的形狀就知道到不到位。在外頭吃了幾次之後，現在我索性都自己在家煮，要多硬有多硬，要多油有多油！這就是自己做菜的好處。

在芝加哥念書的時候，我住的是國際宿舍（International House），廚房是統一設在一樓的公用大廚房，各國各族人種，各自就著一方爐，一張桌，燒出道道料理。在那樣的環境裡，我因此有機會偷學到不少異國菜的撇步，被嫌棄義大利麵煮得太軟，當然也是來自義大利同學的批評。

我發現，做菜速度最快的是華人，中式菜最宜大火快炒，做菜過程完全不廢話，呼嚕呼嚕一下子幾個人七嘴八舌炒出幾道菜，習慣就是上桌趁熱吃了再說。

歐洲人是最慢最悠閒的一群，他們往往先開瓶酒，好整以暇地開始切番茄，弄沙拉，邊喝酒邊聊天邊做菜，有時候來口起士，一邊顧鍋子還一邊談笑，慢吞吞地弄出一道道菜。往往我們一群亞洲人已經吃完回去洗碗了，那群歐洲人才正要上菜吃晚餐。

因為菜式的不同，造就了兩種不同的飲食文化，這真的很有趣。

並沒有說誰好誰壞，不過如果說到調情，做西式菜確實比中式菜更有優勢。

試想一個狀況，約會是從下午開始的，妳和他一起到超市去採買材料，邊討論菜色邊瀏覽著貨架，中間停下來試吃火腿和起士的口味，再歡歡喜喜地拎著一袋食材回到某人家。你們可以一起開瓶酒，剪好一把香料塞進雞腿肉裡，或是用奶油做焗烤馬鈴薯，用紅酒煎一整塊的菲力牛排。

做菜本來就沒有一定要照食譜的道理，邊做邊討論會讓你們的關係更加親密，在做菜過程裡能夠激盪的兩人火花，絕對是比坐在餐廳裡等人服侍等人上菜來的豐富有趣。

相較來說，火鍋比較適合年輕人或是好友聚會，一團人熱熱鬧鬧地把料往鍋裡丟，搞笑好玩居多。更不用說中式熱炒，這會兒妳正炒得滿頭大汗，蒜頭和辣椒齊飛，抽油煙機的聲響震耳欲聾，想必這時候你倆也吐不出什麼浪漫的台詞來，比方說：

「妳最喜歡村上春樹的哪一本書？」他問。

「啥？你說什麼？我最喜歡櫻花樹。」

妳邊鏟起那燙得冒煙的魚香茄子邊吼回去。恐怕跟浪漫扯不上邊吧，哈。

這年頭我們講求的是關係裡的男女平等，沒有非得是女人做菜男人享用的道理，現在很多男人廚藝不錯，甚至我自己認識的幾對夫妻都是老公下廚，老婆只要負責拍手說好吃就好。

根據我多年的觀察，通常挑嘴的男人都會自己煮，不會燒菜也會煎個小牛排塊或簡單的烤魚什麼的，因為自己挑嘴挑味道，別人做的不滿意，他自然就有動機自己做。那些不會做菜的男人相對比較不挑嘴，口味上隨和點，但這並不代表他不期待吃到心愛女人親手做的菜。

無論是誰，人吃到好吃的食物就會開心，美味的佳餚會在腦海中留下難以忘懷的美好印象，所以到處都有那些生意好得要命的排隊餐廳，這是人的本能，我們竭盡所能去滿足自己的味蕾，舌頭開心了，大腦就會開心。

食慾向來是人們最難克服的慾望之一，如果要擄獲一個人的心，與其勾引他肉體上對妳產生性慾開始，我倒覺得從食慾下手可能會快些，也比較不那麼直接，不容易使他退卻。

他或許還沒辦法決定要不要親妳的嘴，但是當妳做了漂亮美味的食物端到他面前，大概沒有哪個男人會拒絕張開自己的嘴。

這又讓我想到多年前紅遍韓國和台灣的一齣韓劇「背叛愛情」（韓國原名「人魚小姐」），張瑞姬飾演的女主角，為了進行報復，於是去勾引同父異母妹妹的未婚夫。她對男人使出的一招就是，先找藉口請男人幫忙，在一個早上的忙碌工作之後，她突然拿出包包裡準備好的手作飯糰，邀請男人和她共進午餐。

在明亮寬闊的公園裡，吃著飯糰，喝著保溫瓶裡的紫菜湯，這能有多罪惡呢？

即使是忠實專情的優質好男人，一定也都會覺得吃了再說，更何況她都已經做好了，再拒絕她的好意也太殘忍了吧。

哎呀呀，出軌就是從這裡開始的，男人的胃已經被收服了，要殺到他的心，那路程也就變短了啊。

我很好奇，不善做菜的張愛玲（她總說她自己是笨手笨腳之人），寫下「到男人心裡去的路通到胃」這句詞兒的時候，是不是也在思考著同樣的問題？

妳的手藝或許不會讓妳在愛情上百戰百勝，但是絕對有助於妳在愛情關係裡多得幾分，所以才有那句婆婆媽媽們說的老話：

「要抓住男人的心，就得先抓住他的胃」。還是有幾分道理的，是不是？

如果妳愛上一個醫師

這篇文章是起於我有一個好兄弟，他是一個單身熟男，上次跟他聊後，我寫了〈熟男真心話〉，收在第一本書裡。不過我有一個重點略過沒提，那就是，他是一個醫師。

醫師，不過就是一份職業，一個頭銜，一個@#$% 學位的象徵。如果我們放平常心來看，剝開了這個職業或頭銜，他就是一個普通的男人，每天出門上班去賺錢，下班了想要抱抱女朋友或老婆，跟其他在工作的男人一樣，他也會有他的煩惱，應付上司，搞定客戶，處理抱怨。

只是別的男人面對的是電腦，他面對的可能是人腦。

然而，我們這個社會，大概很難用平常心來看待醫師，就像我這位兄弟說的，他一從醫學院畢業，進入醫院成為住院醫師開始，就有包含護士以內的女生會自動黏上來示好。

他也很迷惘，主動示好的女人，到底是喜歡他這個人，還是喜歡醫師這個頭銜？

在我和丹尼爾的家族裡，也有幾位親友是醫師，稱不上什麼醫師世家，只不過家族裡，「偶然地」出了個人比較會唸書，靠著自己的努力考上醫學系，進入醫院工作。沒什麼背景跟人脈，他們所爭得的一席地位，一分錢，都是在學校拼的成績，還有看診治療做實驗寫論文完成的工作，一點一滴累積出來的。

醫師這個頭銜，如果可以被視做是「頭銜」的話，它確實享有比較高的社會地位，比較好的收入，但是，那又怎麼樣？頭銜就只是頭銜。我們可以用千金名媛這個頭銜去認識一個人，也可以用滷味攤大叔這個頭銜去認識一個人，但是頭銜從來就不是決定我們喜歡或討厭一個人的基準。

我們真正喜歡一個人的時候，是喜歡他的個性，喜歡他的風格，喜歡他待人的方式，而不是喜歡他名片上的那一行字。

作為醫師本人，或者作為醫師家屬，所感受到這個職業所帶來的壞處，恐怕是多於好處。例如，當親朋好友知道你是個醫師，或親近的家人是個醫師，那麼你就會有接不完的電話，來問看什麼病要看哪個科，掛號哪個醫師。

最幸運也最不幸的狀況就像是，剛生產的鄰居知道你是一個小兒科醫師，然後她就直接把你家當門診，三天兩頭把小孩抱來問東問西，連健保費都省了。

發生醫療糾紛的時候，先開記者會或傳播網路消息的通常是家屬，無論醫師是否確實在診療過程中發生疏失，輿論就先審判了醫師。

聽過一個在醫界流傳的話：「三個好醫師就會有兩個被告。」好醫師為了想醫好病人，才甘願冒著可能會被告的風險去進行「有風險」的手術跟診療。確實有些醫師因為擔心被告，所以會迴避風險性高的手術。

沒有一個醫師是抱著想被告的心情才醫治病人的，沒有一個醫師會希望自己訴訟纏身。他們固然有再高明的醫術，他們也是平凡的人，用人的方法，在救平凡的人。

當醫師生病的時候，他們會比一般人更容易感受到絕望。他們非常瞭解疾病的起因跟進程，當他們在勸告或鼓舞病人要樂觀的時候，同樣患上疾病的他們卻容易變得悲觀。但是他們卻又清楚人的主觀意識，會引導病情的好壞，於是生病的醫師往往處在更強烈的矛盾與不安之中。

能夠當上醫師的人，憑藉的從來不是幸運，而是實力和努力。我們都清楚，就算他爸是總統，他家富可敵國，他們之所以能夠成為醫師，還是必須跟其他人一樣，通過激烈的考試，再經過重重考驗與實習，養成足夠的能力和醫術，才能成為一個合格的醫師。

白色巨塔裡的鬥爭與寫實，比虛擬的戲劇故事還要更激烈。只是想要擁有崇高的地位和薪水，這世界上有更多其他的工作，都比當醫師輕鬆愉快得多。

那天在醫院，我對我兄弟說了這樣的話：

「我知道你就是希望可以遇到一個人，她喜歡你，喜歡你躺在她旁邊的樣子，喜歡你對她說話的方式，她喜歡的就是你這個人，而不是因為你是醫師。但是你又希望她能夠明白，醫師這份職業的使命和責任是什麼，她才能理解你忙碌的生活，對不對？」

如果妳能夠瞭解，他或許是一個沒有什麼空閒時間陪伴妳的人，因為他這輩子，都要花很多時間值班、看診、做超音波、開刀跟寫論文。回到家，可能累到連把腳抬起來的力氣都沒有，他教很多夫妻怎麼生小孩，輪到你們的時候他可能會說用醫學的方式比較有效率。

如果這些妳都可以理解的話，那麼或許，妳可以考慮跟一個醫師交往。

如果妳都瞭解了這些，也都能用無比堅強的態度，去包容妳這作為醫師的另一半，未來可能會面臨到的訴訟，甚至因醫療糾紛弄丟的工作，因過勞而減短的人生（聽說醫師的壽命都比較短），那麼或許，妳可以考慮跟一個醫師交往。

畢竟，在妳的面前，他也就是一個會痛會老會死的，普通人而已。

給妳的男友：她為什麼不想嫁給你？

你跟你的女人求婚，她卻拒絕了你，為什麼？

你抓破頭也想知道真正的答案。你自認腦袋不是班上最笨的，考試的時候也還應付得過去，運氣好一點你還念上了什麼國立大學甚至是碩士博士，進入了一家還不錯的大公司上班。你照照鏡子覺得自己雖不帥但也不討人厭，頭髮還有數量不到禿的程度，跟同齡的朋友比，你的身材不算太胖，至少，POLO 衫還蓋得住你的微凸小腹。

跟她在一起的這些年來，你自認從沒做過背叛她的事。好啦，你承認你是有在誠品書店或是捷運站這種看似無害的地方，斜眼瞄過幾個腿蠻直臉蛋還不差的正妹。你也承認你會跟同事交換無碼的片子，或是在光華商場的某間小店帶上幾片心儀的 DVD 回家。

但是這些，以上這些，都無損你對她——這個你向人公開「她是我女朋友」的女人的喜愛。你是愛她的，你喜歡她的某種表情，無論是微笑，還是發怒，你就是喜歡看著她的臉。

你會被她逗得呵呵笑，也會被她氣到要捶牆壁，她就是有那種能掌握你情緒的萬千功力。

如果說張鈞甯或安心亞是你心目中的女神，你卻很清楚，你的女朋友，才是你的女王。

然而，她卻不想嫁給你，這是怎麼回事？難道她不想跟你共度一生嗎？難道她不想做飯給你吃、為你折襯衫、甚至生幾個可愛的baby嗎？重點是，你心中升起了最深的恐怖問題：

「難道她不愛我嗎？」

Hey man，事情沒這麼簡單。

開門見山地說吧，她不想嫁給你，有三種可能：

1. 她不夠愛你

這種是最慘的，因為這種程度輕者是「她不夠愛你」，重者則是「她根本不愛你」。晴天霹靂嗎？不要意外，她不是不喜歡你，相反地，你可能是目前她最喜歡的男人，問題是，她還在尋找，是否有「更喜歡」或「最喜歡」的男人會出現。仔細想想，交往的這段時間，她有沒有跟你提過分手？或是委婉地表示「我們可能不是很適合……。」

如果答案是有，那你得悲觀一點，因為她還在騎驢找馬，而你擺明是一頭「方便驢」，而不是她心目中的「千里馬」。

要是你求了婚，她也沒有明著拒絕，然而事情卻不是像你想像那般順利地進行下來，討論何時提親何時登記等這類婚禮相關之具體事宜，而是走到另一個方向去，比方說：

「我爸說希望我們先有一棟房子。」

「我想還是先有房子，再決定何時結婚吧，現在房子又那麼貴……」

「我們要住哪裡？我不喜歡×××，我希望有○○○。」

「如果戶頭有××現金，我會比較安心。」

以上，全都是藉口，總歸一句話，她就是沒那麼愛你。

真正相戀的愛侶，是巴不得想盡辦法受盡阻礙也會在一起的。她父母的刁難，你們經濟條件的不協調，甚至你和她身處異地的遠距離或異國籍，全都不會是問題。如果她真想嫁給你，會巴不得你早點去辦手續，好讓她可以喜孜孜地向眾人宣告「我是某人的老婆」。

即使你沒有車沒有房沒有錢，她都不會在意，她只想快速飛奔到你身邊，好用最正大光明的理由出入你家公寓，在你家過夜，為你安排生活點滴。

所以什麼先有××才能結婚的，那都是鬼扯。除非你是毒蟲，還是賭徒，那可能你的女人是對的。

如果不是，甚至你的戶頭有存款，請你不要再相信她的鬼話，也不要再當她的驢子，快快慧劍斬情絲，去找下一個把你當成馬的女人吧。

補充，如果人家有跟你提過分手，只是你自己死纏爛打不肯分，那你就不能怪她不嫁給你。

你本來就不是她的菜，你們可能只是因為某種巧合而在一起，但是你很清楚你從來就不是她的最愛（你不要裝做無知，看她的眼神還看不出來？），向來都是你喜歡她比她喜歡你多。

兩人有緣分可以走一段，也未必要廝守一生，看開一點吧，天下何處無芳草，你可以找到比她更懂得珍惜你的人。

2. 她愛你，但她不想負某種責任

這種狀況比較複雜，你的女人愛你，問題是，她腦袋清醒，看到很多擺在你們眼前的種種問題，偏偏她又是那種無法裝作視而不見的那種女人。比方說：

a. 你媽媽（或爸爸，或奶奶任何決定性的長輩）不喜歡她

b. 你有傳宗接代壓力，或你很想要小孩，而她不想生（或有生育困難）

c. 你要回家繼承，可是她不喜歡你家的事業（包括她得放棄自己工作，跟你回去你老家之類的）

以上三種，擺明了，她嫁給你，注定會成為一個憂鬱的媳婦。說真的，如果你很幸運，你跟你的女人是以上三種其中之一，而她還嫁給你，你要加倍加倍地珍惜她，她是真的真的，超級愛你的。

如果你比較沒那麼幸運，她就是不願意嫁給你，但是她也沒說要分手，那要看開的人是你。你要不就像溫莎公爵那樣，不要江山要老婆，你把她娶回家，然後最好是對你家族的事不聞不問，你們兩人的生活最好是離你父母的越遠越好，有本事你自己賺不要靠家裡（畢竟你不是溫莎公爵可以領皇家撫恤金），這樣，你們或許有可能擁有自己的幸福。

要是辦不到，你要不就娶別人當老婆，要不就繼續跟她在一起不要結婚。反正結婚只是形式，你們照樣可以住在一起，照樣可以生小孩（只要你認養這孩子是你的，身分不會有問題），你們可以享有夫妻生活的所有形式。唯一問題只剩下，她願意嗎？

說真的，婚姻本如此，說穿了就是手指上的兩枚戒指，但是她是你的「女朋友」，還是你的「老婆」，最大的差別其實是對你的家族而言——他們有沒有權利把她當成家人來使喚。

在台灣目前這個社會，自私的長輩很多。他們自以為養育下一代長大，就有權利掌控下一代的人生，他要做什麼工作，甚至娶什麼老婆，過什麼生活。同樣的，想不開的晚輩也很多，其實你可以不用這麼辛苦，孝順有很多形式，對父母孝順並不代表你要把自己的人生賠進去。

更何況她是你愛的女人，你想共度一生的女人。你想誰陪你過下半輩子？是你的父母？還是你愛的女人？

3. 她愛你，但你的求婚很遜

這個狀況比較簡單，不過卻常常發生。如果你是這種狀況，她嫁給你的機率通常在九成以上，要是你沒搞好，結果卻讓她跑了，我只能說，老兄你真的很遜。

你好好回想一下，你是怎麼跟她求婚的？你是不是在吃排骨飯時隨意地提起：「那我什麼時候可以跟妳爸提？」，或在兩人並肩看電視時，你邊吃著水果邊說：「妳想什麼時候請客比較好？」

甚有更過分的，你告訴她看到新聞說今年下半年婚宴景氣變差，你想現在去訂席正是時候。

太糟糕了。

就算你們交往很多年，你甚至還跟她同居好久了，你自認你們是老夫老妻，節日都沒在過，禮物也很少送了，你想，結婚應該也沒差吧？反正不就是拍婚紗訂婚送餅結婚宴客歸寧這些嗎？你都知道啊，錢你都準備好了，沒問題的。

說到男人的簡單頭腦，女人還真的是小看他們了。

這時候你的女人往往會一臉不滿意地，有意無意地告訴她的姐妹淘：「有啊，他有跟我說要結婚……不過，哎，再說吧。」或者，她會在其他時候，明示或暗示你：「我覺得年紀太大拍婚紗不好看。」「那個誰誰誰最近生了，baby 好可愛。」「某某某說她老公是在××跟她求婚的。」

如果你在此時反問她：「那妳什麼時候才要嫁給我？」

我只能說，愚不可及的人是你啊，兄弟。

廢話！人家當然想嫁給你啊！可是你為什麼就不能想個比較浪漫的求婚呢？就算我跟你在一起很久了，你也不能這樣隨便啊！這一生就只有一次的求婚，你都不願意費點心思，以後教我怎麼相信你會一輩子對我好？跟我爸跟我媽跟我家的長輩講說你想娶我有個屁用啊？是我要嫁給你耶！吼，怎麼會這麼笨！

說真的，這點最沒資格講別人的就是我。

我本人的求婚一點也不浪漫，因為我老公是跟我爸求婚的，而且還很快地兩週後就把婆家親友約來提親，讓我騎虎難下無法反悔了。以致於我下半輩子都沒有浪漫求婚這件事可以拿出來炫耀，害我覺得遜的是我，不是他。

不過想要抄小路到終點的人，倒不妨參考此法，這對男士們來說，應該是最經濟又不費事的求婚法吧。

以結婚為前提？

「我想以結婚為前提和你交往」，這是很久以前看日劇的時候，男女主角偶然會吐出的一句八股台詞。

二十來歲的時候，聽到現實生活裡有人這樣說，覺得對方不是燒壞腦袋就是個老古板，畢竟，青春正熾，「我只是想跟你交往看看，請不要隨便對老娘求婚！」這是年輕時的想法。

沒想到，三十來歲以後，甚至結婚生子了，最近突然有感而發，其實這句老掉牙到不行的台詞，才能幫助我們在愛情裡開花結果！

所以，只想跟你男朋友女朋友打混一段時間的同學們，現在可以跳過這篇文章了。單身無罪，不婚有理，你可能年紀還小，也可能還不到想結婚的 feel，那都沒關係，姐姐我年輕的時候跟你一樣，I totally understand.

不過這篇文章我僅服務有心想結婚成家的善男信女們，因此無須爭論愛情終站是不是婚姻，結婚到底是好是壞，不是本篇重點。

我常被別人問到一題：「妳當時是怎麼找到老公的？」

在遇到丹尼爾之前，認真的男朋友已經交過幾個，不認真的約會對象，也累積了一些數量。坦白說，我已經覺得有些疲累，對於不斷地經歷「認識→了解→交往→分手」這個過程，也感到有些害怕。

並不是對真愛失去信心，而是每次花時間去認識一個人，然後發現彼此不適合或不來電（我的理由往往很無聊，可能只是不喜歡對方吃飯的樣子或配襪子的品味，囧），那每次每次的投入，又每次每次的失望，真的很令人感到挫敗。

那就像是，一直期待著做這份工作，也好不容易拿到錄取談好酬勞了，卻在沒多久發現又是一場美麗的誤會。同學們，妳們能理解我在說什麼吧？

於是，在美國求學後，歷經和兩岸三地的男人們交朋友，帶著學位也帶著疲憊返回台灣的我，暗暗下了一個決定：「從今天開始，我要以結婚為前提找男人！」

其實當時我並沒有要馬上結婚的焦慮，我僅僅是用簡單的邏輯預設，如果在可預期的未來裡，我是有打算要結婚生小孩的，同時我又想停止不斷戀愛又不斷分手的這個循環，那麼看來最有效率也最經濟的方式，就是先確定這個男人：

一，想不想結婚，二，有沒有可能跟我結婚。

我並不是聰明，會玩女人心機的人，且我是工作狂，也不喜歡花太多時間去猜男人的心，我只想用簡單快速的方式來達到我想要的結果。

用我的邏輯倒推，如果這個男人是不婚主義，或者他一付就沒打算要娶我的態度，那我應該不要再浪費時間在這個人身上，趕快跟他說掰掰，祝福彼此明天會更好，尋找下一個有打算結婚也有可能跟我結婚的對象。

確認了這個方向之後，我一點都不會不好意思承認，我是「以結婚為前提」在找男朋友，一則，是我旅遊記者的工作常要加班又常在出差，如果這個男的只是想在下班後有個可以看電影打一炮的對象，很抱歉，我沒時間陪你玩。

二則，我是有打算要生小孩的，女人的子宮青春有限，就算我最後沒遇到想嫁的人，也可以找個優質男問他願不願意借我精子用用（這不是開玩笑，我是真心的）。

總之，媽媽我可以等待的時間不多，扣掉每天吃飯睡覺上班還有好幾個月在國外的時間，當然要把精神花在刀口上！

坦白說，光是「以結婚為前提」這個預設立場，我馬上就知道哪個男的不是我可以巴望的對象，哪個男的不必再勞神費心癡癡等他，哪個男的妳大概等他到八十歲也不要期待他會是個好老公。

用這個標準檢視自己過去談的戀愛，我突然變得很清醒了。

於是，我遇到了丹尼爾。不好意思我要借用最近剛結婚的女明星，講了讓大家會吐的那句台詞：「第一眼我就知道是他。」其實我要補充的是，第一眼感覺是很關鍵沒錯，但若不是他有「以結婚為前提」來跟我交往，就算他很多地方都讓我心動，但是我不會再接他的電話。

我結婚之後，很多身邊的姐妹問我怎麼找 Mr. Right，說真的我也說不出個所以然。直到前陣子因緣際會認識一名女性長輩，我才歸納出這個重點。她年輕的時候，很多男人追求她，但是她認定她老公應該會娶她，其實是靠自己問來的。

「他年紀比較大，過了適婚年齡，長輩已經懶得催了，我和他交往，就先問他他能不能對自己的婚姻做主，他說沒問題，他想跟誰結婚就跟誰結婚，所以我才願意當他的女朋友。」

一棒敲醒夢中人，好一個「他想跟誰結婚就跟誰結婚」！說的也是，女人花了這麼多時間這麼多心思去愛那個男人去照顧他，為他流淚為他心痛甚至為他夾娃娃，妳付出了這麼多，到頭來他只是一句：

「我不能跟妳結婚，因為我媽不喜歡妳。」真令人又嘔又不爽！

前輩提醒我，她在社會上看太多了，每天娛樂版演不完的真實人生。年輕又天真的女孩，愛上了有錢有權的男人，搞不清楚自己有幾兩重，以為他會學偶像劇男主角，把真愛當革命，寧要美人也可不要江山？那可真是大錯特錯。

如果可以，誰想要當小三？我們當然是以明媒正娶，當男人的大老婆為第一選擇，既然包養免談，那不就是「以結婚為前提」？

跟妳交往又沒打算娶妳的男人很可惡嗎？

不，仔細停下來想想，他沒打算跟妳結婚妳不會不知道，妳不會在跟他上了那麼多次床，又開心地去了那麼多次朋友聚會，甚至高調地攜手參加好幾場婚禮葬禮之後，妳還不知道他有沒有打算娶妳。妳享受著他對妳的好，他可能用金錢寵溺妳，也可能妳就是覺得他很可愛，妳捨不得放手，因為妳捨不得放掉一個條件這麼好的男人。

妳期望，甚至到了幻想的程度，有一天他會改變，有一天他會說，我想跟妳結婚，我想跟妳生一個我們的孩子……妳一直在期待等待著，這渺小的可能。

說想結婚，卻阻攔妳結不了婚的，那個人，

不是他媽，不是他，其實是妳自己。

結婚快八年了，我想起來，以結婚為前提，當年我是怎麼嫁給這個男人的。

他沒有車，沒有房，娶我的時候只有一台七年的破摩托車，月薪跟我一樣都是可憐的三字頭，我們從每個月那一點點收入擠一點存款出來去旅行，擠在火車車廂裡靠著彼此入睡，在寒冷的街上步行拍照，速食店裡喝一杯熱可可，就覺得好開心。

找到一個男人，願意和妳一起，平凡而踏實地往前走。

這不就是一個女人，最能掌握的幸福？

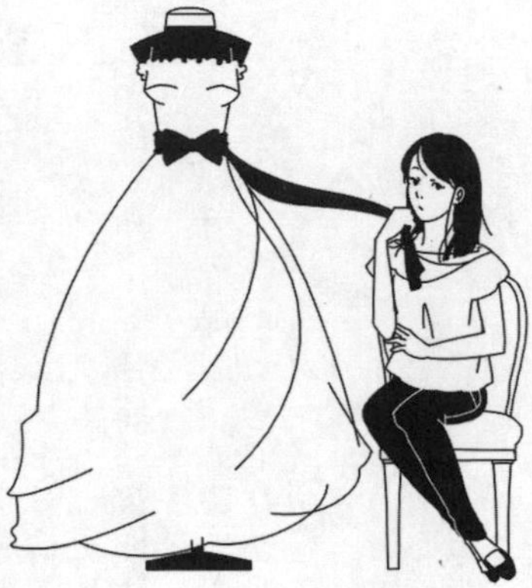

如果有一天　你離開我

我一直以為，我們會一直，在一起。

我不是悲觀的人，每一次相遇，每一次談戀愛，每一次交到好朋友，我都願意相信，這是一輩子的關係。

我總認為，如果不去相信會真心，會長久，那麼，我們永遠也無法學習真心，無法得到長久。

只有你自己相信他是真的，他才會變成真的。

尤其對我這種是非分明的人來說。

我一直以為，你相信的，也和我相信的一樣。

畢竟，我們一起經歷了那麼多，只有你和我才經歷過的事。

我明白，時間從來就不能讓感情佔上風，關係的深度和認識的長短不見得成正比。

我們常常會有，認識一個人沒幾分鐘就像一見如故，或認識一個人好多年，無論見面多少次，說起話來卻始終生疏的經驗。

就像你，你和我是那麼不同。

我曾經非常討厭你，非常懷疑你，也非常不諒解你。

我從來不相信，我竟然會為你生氣，為你說謊，為了你掉眼淚。

這真的很不像我，但那又是真的我。

當你背叛我的時候，當你轉身背向我的時候，我還是告訴自己，那是你不得已的選擇。

當流言正在侵蝕我們，我以為，你可以像我一樣，關上窗，只當流言是一場突如其來的雨。

我們可以選擇撐一把傘，勇氣十足地走入雨裡，繼續走我們該走的路。

也或者像你，只是躲著，不開窗也不去聽。

當大雨過去，彩虹盡頭，我仍然會看見你。

但是，你沒有在那裡。

我們本來都是單純的，但是當我或你用單純去面對別人的時候，別人卻把我們想得很複雜。

本來一個簡單的想法，簡訊，甚至問候，都單純到不值得被相信。

於是我們會被複雜給打敗，然後，我們也遺忘了單純，或者是說害怕單純，不知不覺地，變得複雜了。

有人說，演藝圈是複雜的，或許從這個角度看，是吧。

演藝圈的人，也是很寂寞，很孤單的。

當我們遭遇了極大的痛苦，我們甚至無法言說。

我們無法隨意地在臉書上，在網路上，任何可能會被渲染的地方，真心的，完整地，說出自己的想法。

我們甚至無法指正那些說謊的人，批評那些在挑撥離間，製造謠言的人。因為那樣，會顯得自己很沒格調，很沒包容力。

所以真正的善者必須吞忍，握有所有有利證據的勝者必須吞忍，我們不能說，那個人說的不是真的。

非得要鬧到，找來律師，告上法庭，找媒體控訴，或許，大眾才會相信，我們不是在利用誰，我們不是在炒新聞。

當我們費盡心力，爭得了正確的，正義的，權力，權利，名利，我們也已經傷痕累累。

你說，你選擇站在流言那一邊。

你選擇去聽雨的聲音，所以，你再也聽不見我說的話語。

你說你看見了黑暗的東西，我告訴你那不叫做黑暗，所謂的黑，是我們認為它是黑，它才是黑。

如果它從來就不能被定義是黑是白，我們又何須為它的價值來爭辯？

更何況，那真的很重要嗎？

你比誰都清楚，你想要的是什麼，我想要的是什麼。還有，我是個什麼樣的人。

流言，無法改變你或我的價值，無法讓我們成為一個更好的人，也無法讓我們在這個世界往前進。

誤解，帶來的只有腐化和傷害。

不是嗎？

你曾經改變了我，而今你說要離開我。

我不會恨你，我是一個不懂恨的人。我相信，沒有恨的人才幸福。

我很幸福，並不因為我擁有了什麼，而是因為，我始終相信，走在一條對的路上，人就會變得幸福。

遺憾的是，這條路上，如果已經沒有你的話。

我會祝福你，你走的那條路，也能讓你得到幸福。

再見了，親愛的你，我的朋友。

Chapter 3

那些女人告訴我的事

拜金女王指南

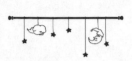

最近一支中國黃金剩女的搞笑MV，在網路上沸沸揚揚，歌詞裡高唱著：「假如你沒有車，假如你也沒有房，趕緊靠邊別把路來擋……」引起不少爭議。

很多人大聲問，女人哪，怎麼可以這樣高調拜金？

本人對拜金的態度，向來是不鼓勵也不反對，因為錢真的很重要，可以的話我也很想拜金，但現階段我只能拼命寫劇本賺錢，自己拜自己的金。

我的看法是，有女人願意嫁入豪門當小媳婦當生子機器，是一個蘿蔔一個坑，不干路人的事。且，有的豪門婚姻也是真愛來著，女人斬釘截鐵地一句話說：「第一眼我就知道是他了，我和他，天造地設，兩情相悅。」

我們總不能一竿子打翻一船人說，嫁給有錢人（娶個億萬身家千金也算）就是拜金，就是先有錢，才有愛，對吧？

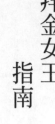

不能否認的，豪門本身就是個話題。貴婦、名媛、千金、少奶奶、小開、公子哥，他們穿什麼，做什麼，在哪裡開了什麼店，和哪些朋友來往……這些金光閃閃的特權富有階級，樂於將自己的生活像「楚門的世界」一般展示在公眾面前，因為能夠擁有這種頭銜，代表你擁有某種地位，身份，和被媒體追逐的「價值」。

如果想證明一下自己不是領零用錢的沒腦名媛或小開，想創業想開店想做個小生意，這種「價值」拿來宣傳和行銷，其實還蠻好用的。

寫這篇文章的契機，是因為我最近正寫作一部和金錢與愛情有關的戲，親身採訪到一位豪門貴婦，她充滿智慧的言談，真讓我有「與君一席話，勝讀百本愛情指南」的醍醐灌頂之感！畢竟，有多少台灣女人嚮往或渴望成為孫芸芸啊！看在這話題的份上，外加本人想提高本書銷量的私心，我決定把這寶貴的第一手資料和大家分享，告訴妳，妳該怎麼做，才能嫁入豪門！

那天我提著筆記本，來到貴婦位於市區精華地段的中古豪宅，客廳和餐廳毫無隔間貫串打通，視野非常開闊，我目測了一下，光是這塊公共區域，大概就是很多尋常人家的「全家面積」。

我們在古董餐桌旁坐定，傭人端來熱茶和水果供我們享用。不知道為什麼，大概是置身於這樣的環境，就連桌上那普通的鳳梨酥，也顯得貴氣了起來？

「我很小的時候，就立定志向，我要嫁給有錢人！」這位四十多歲，身材和皮膚都保養得宜，容貌仍十分秀麗的貴婦，毫不掩飾地告訴我。

很難想像，眼前這位富有又漂亮的貴婦，竟然是出身貧苦家庭。她說，年少時始終過著非常拮据的生活，就連學校舉辦的校外教學旅費，她都湊不出來錢而被迫放棄。

她一直記得少女的她，回家和媽媽哭訴：「為什麼別的同學都可以去，但是我不行？」媽媽沒有安慰她，反而看著她的眼睛，堅定地說：

「我不讓妳去，是為了妳好。如果妳現在去，以後卻哪裡都去不了，妳會更痛苦。妳要瞭解，妳可以靠自己，有一天，妳要去哪裡，就能去哪裡。」

於是，她決定，自己有一天一定要成為有錢人，要像媽媽說的，「想去哪裡就可以去哪裡」！我接著請教她，假設成為有錢人分為兩種途徑，靠自己和攀入豪門，請問她又是怎麼想到，要靠「嫁給有錢人」而「成為有錢人」的？

貴婦眨著她漂亮的大眼睛，微笑地跟我分享，她的幾個原則：（想當少奶奶的妞兒們，耳朵請豎高聽清楚了！）

「我不交帥哥，我不在意男人的長相和身材。」少女時代的她就出落得亭亭玉立，還沒滿十八歲就有年紀大的老闆對她示好，她體認到一件事，如果要把焦點放在男人的財力上，就不能被男人的外表所迷惑。

就像日劇「大和拜金女」裡的情節一樣，松島菜菜子飾演的女主角，在每次聯誼上桌後，首先觀察男人的行頭，他戴的錶，他開的車，然後鎖定最有錢的那個下手。

這位成功把自己嫁入豪門的貴婦說，判斷男人是不是真有錢，她有兩條守則，第一，先看他有沒有司機伺候開車，第二，看他和妳約會的時候夠不夠大方。

我接著又好奇地追問了，妳不介意男人胖或禿，甚至不介意他年紀大，不過，一樣是找有錢人，為什麼不找有錢又多金的帥哥？

「因為，那樣好條件的男人，並不會娶我回家啊。」貴婦很誠實地說。

她說，在她二十幾歲的時候（她學歷並不顯赫，但至少也是大學畢業了），曾經有名列台灣富豪榜上家族的少爺看上她，但是出去一次之後，她就不願意再和對方約會了。很多女朋友都覺得她好傻，有這麼好條件的有錢男人送上門，為什麼要白白把他往外推？她卻異常冷靜，坦然地表白：

「我知道他不會和我結婚的，因為，我配不上他！」

她清楚得很，這種擁有驚人家世背景的男人，終究只會和門當戶對的千金小姐結婚，除了對父母親交代，也可以透過不斷的聯姻結盟，再加深家族綿密的政商人脈關係。像她這樣平凡甚至貧窮的女孩，妄想自己麻雀變鳳凰是太不實際了，「不看清自己有多少斤兩，以為男人喜歡妳就會娶妳回家，到頭來，妳只是被他白玩而已。」

我突然恍然大悟，貴婦一語道破，許多在豪門門外，巴巴張望著卻進不了門的女孩，或許就是沒有面對，這殘酷卻現實的真相。

知名豪門家族的第一長孫，沒和年輕的女明星結婚，分手後反而迅速娶了門當戶對的甜美千金，還高調地舉辦了奢華的婚禮。又或是，前途看好卻突然退隱的女演員，為身價千億的黃金單身漢連生三胎男孩，照理說應該穩坐正宮寶座，可以準備喜孜孜地抱著孩子光榮入家門了，沒想到，竟然爆出分手宣言收場。

女人自以為能用孩子拴住富男友的心，接著開啟她踏入豪門的那把鑰匙，殊不知，她一開始，就沒有看清楚自己在這場愛情裡的勝算有多少。

「我和男人交往，絕對是以結婚為前提，如果妳是被包養的，那就遜掉了。」貴婦強調，她絕對是「只能結婚，包養免談」。

搞了半天，嫁給有錢人，最重要的並不是像那些書裡寫的，什麼提高自己身價，多念幾本書，充實自己談吐，做個乖女孩，讓夫家覺得妳好聽話……（說的也是，絕大多數會寫兩性書的作家都沒嫁入豪門，包括我自己，因為不懂嘛，噗）。

最重要的，是要搞清楚自己有幾兩重，一句話，妳得知道自己配得上誰！

貴婦提醒，想嫁給有錢人的女人，絕對不要短視近利，不要男人送妳一點小禮物，給妳一點零用錢，妳就喜出望外收得很高興，以為自己已經撈到一張金飯票。事實上，妳的一舉一動，男人都精打細算地在評估，妳到底是用幾張鈔票就可以打發的便宜貨，還是必須明媒正娶才能擄獲的高級品？

如果幾顆珠寶，幾個名牌包，甚至一間房子，妳就願意跟他上床還為他做牛做馬，他又為什麼要娶妳回家，把妳寶貴地捧著，讓妳當大老婆呢？

有意思的是，這位貴婦，雖然實現了自己從小到大的夢想，住在豪宅擁有令人稱羨的身價，過著想去哪裡就可以去哪裡的富足生活，她卻不奢華。她用的包包，是那種上班族存一點錢就買得起的低價名牌包，去餐廳，吃不完的食物，她還會順手打包回家，一點都不會覺得羞澀。和老公去逛精品，她最常說的一句話是：「太貴了，不要浪費。」她笑說，不要貪心去買那幾顆珠寶，到頭來，妳會發現，老公的錢都跑到妳的口袋裡了！（我想她說的是她戶頭裡的現金，還有她名下的房產吧）

這篇文章，並不是鼓吹女人要嫁入豪門，嫁給有錢人。本人謹是以採訪的角度，來幫想和有錢人交往，或正和有錢人交往的女孩們，做一個不帶評價的紀實報導。

畢竟，任何女人無論愛上什麼樣的男人，不就是希望自己可以在這段愛情裡，獲得真正想要的幸福？只是，每個人對幸福的定義不同，幸福，可能是愛，也可能是錢。

我聽過某位太太說的一句話：「他的人離開我，我不會死，但是他的錢如果離開我，我就要死了！」

就像大陸的黃金剩女，其實說出時下很多有能力賺錢的女性，卻怕嫁錯郎的心情：「我也有車，我也有房，還有人民幣在銀行，你們要是還沒有我強，別吃軟飯，我不是你的娘。」

看似拜金，但也挺真實的，不是嗎？

愛情不分 貧富貴賤

二〇〇九年上半年，演藝圈最有名的兩則新聞，大概莫過於兩位女演員離婚與家變的故事。

新聞發生之後，我看著水果日報網路版下頭那些網友的評論，說真的，大概名人最不想當名人的時刻，莫此為甚。

女明星嫁入豪門，名氣與勢利的結合，不管人家關起門來到底豪不豪，幸不幸福，這樣的關係，注定就會被放在鎂光燈下檢視著。

然而我想說的是，愛情與婚姻，其實從來就不分貧富與貴賤。

豪門裡頭的愛情與婚姻，也會跟平常人有著一樣的問題與煩惱。

英國的黛安娜王妃出身再高貴，她得到的頭銜再怎麼偉大，能夠繼承的遺產有多驚人，她住的皇宮有多豪華，在這個婚姻關係裡頭，她其實只是一個平凡的女人，一個渴求丈夫只注視著自己的平凡妻子。

她跟其他的女人並沒有兩樣。她希望她的孩子健康長大，希望她的丈夫深愛著她，她在婚姻裡頭渴望的，跟其他的妻子並沒有兩樣。

要生男孩才能對公婆交差的豪門媳婦，在別的一般家庭也會有。我自己就知道好幾個，「不生兒子妳就死定了」這樣的家族。

很有錢嗎？未必，就是觀念的問題，老人家認為，帶把的比沒帶把的強。

有錢的家族生兒子或許可以多幾個分子來分遺產，沒有錢的家族生兒子就是舊觀念作祟，認為兒子比女兒可靠。

殊不知這年頭養兒從來不防老，防老不成還拖累父母的下半生。

同樣結了婚以後，雙方的父母就成為彼此的父母，那邊伸手開口要錢，這邊生病了需要人照顧，不管妳嫁的是什麼門，都是一樣的脫離不了責任。

有些事妳可以花錢請人代勞，但是為了證明妳對丈夫的愛，所以妳會把妳的愛擴及他的父母。

公婆生病了需要人幫忙洗澡換尿布，這些事看護可以做，妳丈夫可以做，妳也可以做。

那不是因為妳想分遺產，只是因為妳愛妳老公，所以妳愛他父母。

人的愛有的時候其實很單純，單純到不值得被別人相信也說不定。

我很喜歡的一部電影《新娘百分百》（Notting Hill），茱莉亞蘿勃茲飾演的大明星，到休葛蘭的旅遊小書店對他做的最後一次告白很感人：

「我也只是一個女孩，在心愛的男孩面前，請求他愛她。」

每次看到這一幕，這經典的台詞真會把我逼出淚來，就算是名氣再大，財產再多的人，站在愛情面前，也都是一個普通人。

是一個渴望能夠有人愛，渴望被人愛的普通人。

她或許在舞台上有很多人愛，但是在現實生活裡，她只希望她最喜歡的人愛她。

這種心情，跟平凡的女人有什麼差別？

我覺得是沒有差別。

她會心痛，會流淚，會懷疑，會嫉妒，這些感受跟她是誰，跟他有沒有錢，一點關係也沒有。

這些感受都很真實，跟普通人的愛情一樣真實。

他背叛了她，或她說謊矇騙了他，他無法原諒她，她想要報復他，這是人在愛情裡遇到挫折會有的正常反應。

一個妻子在面對心愛的丈夫外遇的時候會憤怒，不只是豪門媳婦，不只是女明星而已，任何女人都會。

同樣的，當妳的男人不理解妳，不懂得妳想要的生活，不會尊重支持妳，這應該跟他是誰的兒子，或者他口袋裡到底有多少錢，一點關係也沒有吧？

除非，妳真的就是那種，他不愛妳無所謂，反正妳只想嫁給他的錢，那麼，恭喜妳，文章看到這裡妳可以離開了，因為我不是嫁給錢的女人，所以很抱歉無法給妳任何建議。

有人說，豪門裡也是有真愛的。

廢話。

愛情本來就不分貧富貴賤，就算是一國的總統，也無法命令任何女人真心愛上他。

如果你有一百億，或許可以找到一百個漂亮的女人來跟你上床，但是真愛，卻不是用一百億可以買到的東西。

愛情之所以無價，是因為它從來就無法被標價。

不是嗎？

如果妳的男人有小三

A是一個中年熟女，有穩定的工作，才剛順利懷孕，還和老公買了寬敞的房子，準備迎接寶寶的到來，當一切看似圓滿幸福的時候，來了一通不該來的電話。

她瞥見手機上不熟悉的來電顯示號碼，正要和平常一樣接起來，沒想到，老公突然驚慌失措地搶過她的手機，接起了那通電話，嚴聲地用不客氣的字句飆罵回去。

A還不明就裡到底怎麼回事的時候，A老公如實把一切都招了：「我和她上過床。」

那通電話，是小三打的。男人想和小三分手，小三不甘就這樣被甩掉，直接打電話給大老婆嗆聲，要告訴她事情的真相（現在的小三真兇悍！），男人自知事已至此紙包不住火了，索性自白速速吐實，外加下跪求饒痛哭流涕，只求老婆原諒他。

朋友跟我說了A的遭遇，說她每天看似正常冷靜地去上班，但是只要一戳到這痛處就眼淚直流，更可怕的是小三的騷擾還沒結束。

這年輕又時間多的女孩繼續發狂似地打電話給A。挺個大肚子的A，自從發現老公背叛，憤怒心痛之下，現在正打算要離婚。

我一聽，馬上說：「萬萬不可！」

我說，以一個大老婆的立場，我完全可以理解A的自尊和信心，嚴重地被她自私自利的老公給糟蹋了。

我對這段愛情如此忠誠如此真心，你用什麼來回報我？

再進一步，想到和自己最親密最信賴的另一半，竟然和另一個女人裸體共枕，說什麼也無法原諒這個可惡的男人！在發現被背叛的當下，任何女人都是一樣的，腦海中一片空白，自認能夠懲罰這混蛋的第一招，就是分手。

結婚前的我，對愛情是有潔癖的，任何一點姐妹男友的不忠，我都會力勸分手別再回頭。但是結婚後，故事看得多了，現在的我會反過來勸大老婆（或正牌女友）：「妳要是現在分手，妳就便宜了他們！」

很多兩性專家都告訴我們，愛情裡不是要爭輸贏，我同意。但是我覺得大家忽略了一點很重要的事實，那就是，我們是人，不是機器。妳現在分了手，離了婚，並不代表妳可以馬上停止愛他，馬上把這段感情拋諸腦後。

事實上，看不見他的時間，妳會更想知道他有沒有跟那個不要臉的小三在一起，然而，妳卻沒有任何正當的權利可以要求他向妳報告行程，一切只因為，妳已經不是他的老婆。

結果，妳一時衝動分了手，到最後，妳往往會發現，妳懲罰的人不是他，而是妳自己。

去年鬧得轟轟烈烈的「補教人生小三扶正記」，其實就是大老婆們最好的警惕。原本週刊拍到男主角和小三在高速公路上喇舌，一開始男主角跪求原諒，在媒體前不斷重申他仍愛家愛妻女，而什麼都沒做錯的大老婆，大可在痛哭流涕後選擇「暫時」接受原諒這犯錯的老公，但是她卻不斷放話炒作，最後終把男人逼到惱羞成怒無路可退的地步。

拉不下臉的大老婆離婚搬家，看起來是得了房子又得了孩子，沒想到男主角完全不顧情面，火速和小三修成正果還高調結婚。

原本一手好牌的大老婆，竟然打到全盤皆輸。

到頭來，小三可能還暗暗感激當時踢爆不倫戀的周刊狗仔，加速成就了她扶正的夢想。

同樣是名女人老公的劈腿故事，卻有了不同的路徑。曾經是名模，時尚節目主持人的S，在小三跳出來指稱和她的老公外遇還生了小孩時，她先找律師控告老公和小三，看老公是否有悔意。

老公求饒回頭她取得所有最有利條件與證據之後，她再跳出來反嗆小三：「妳詐欺了我老公！」

一招一步都厲害得像是經過高人指點，好一個大老婆的反擊。

我告訴朋友，A之所以不能「馬上」離婚，是因為我相信她現在雖在氣頭上，但對她老公仍有感情。

妳一離婚，名分上妳便不是他的妻子，換句話說，小三就不是在「妨害他人家庭」。難保哪一天她不會堂堂正正地坐在妳家客廳，摟著妳的孩子告訴妳：「我才是他的女朋友，請妳這個不相干的外人，離開這間房子！」

任何一個母親，只要一想到自己的孩子會落入小三的手中，絕對會氣到抓狂，但是，很不幸地，這種八點檔的芭樂劇情，就血淋淋地在現實生活中上演。

熟女B，和劈腿老公談好了離婚條件，週間兒子跟爸爸，週末跟媽媽。某個星期六，B來到昔日她和老公的舊家門口，小三竟然耍陰不讓她帶兒子走，幸好B將法庭判決的離婚協議書帶在身上，最後是找來警察做證，一番拉扯才將無辜的孩子從裡面拖出來。

我的意思是說，現在還沒離婚誰都不知道，但是難保當妳不再是他的老婆，昔日牽手發誓相約相守的前夫，也從君子變小人。

在此我要偷借一下今年最夯的偶像劇《犀利人妻》的一句經典台詞來改編，當妳順理成章跟他分手跟他分居，「就有別的女人會去住妳的家、打妳的小孩、睡妳的老公。」

這不是危言聳聽，而是實用警句。

我之所以說妳可以「暫時」原諒他，因為這裡，並不是故事的結局。

只要妳對這男人，還有一絲一毫的感情，我就不建議妳馬上跟他分手讓小三痛快。更何況，如果他已經主動招認，甚至跪求原諒，那代表妳現在是在站在最有利的位置，妳大可趁他的慚愧心發作時，要他簽署白紙黑字的「不平等條約」。

例如，如果他再劈腿一次，孩子監護權直接歸妳不必上法庭對簿公堂。例如，如果小三再打電話騷擾妳，妳不只要他自己去解決，甚至可以報警抓小三。

妳之所以可以這麼理直氣壯，正因為妳是名正言順的大老婆。

本來，婚姻就是手指上兩枚不痛不癢的戒指，還有身分證上多了少了那一個配偶名字的差別而已。

妳可以離婚，其實妳是放他自由，妳可以分手，其實妳是助小三為虐。

今年一個女明星結婚，扯出母親做人多年小三的往事，這個老牌小三即使和老男友愛得轟轟烈烈，全國皆知，最終也不能獲得一個名份，還落得被媒體被大眾羞辱，一千個我萬不得已都無法獲得一點同情。那就是因為，老男友到今天，還是另一個女人名義上的丈夫。

如果妳覺得跟一個已經劈腿的男人一直在一起很可悲，事實上，這是個人的觀點而已。

妳可以顧及妳自己的面子，馬上瀟灑地甩了他，然後用更多的時間獨自飲泣，還是妳先把面子放一邊，要這個犯錯的他，用他更多的時間來對妳做彌補？

我要朋友提醒A的還有，聽起來很八股，但是是真的，當妳生了孩子，有些男人可能會變。

男人會發現，全天下再沒有任何一張面孔，能比過他親生骨肉的可愛美麗，他再也無心去看外面的野花，每天只想回家抱抱他的寶貝，親親他的小甜心。素行不良的劈腿男在成了爸爸之後回頭是岸，這也是真的會發生。

不過，這個選項我不推薦給未婚的女生，想用孩子來綁住劈腿的男人，這太冒險了。

好，如果妳該談的也都談了，該簽的也都簽了，妳問，妳就是嚥不下這口氣，妳沒辦法再跟這男人同床共枕，妳每天晚上看到他熟睡就幻想自己像社會案件裡的怨妻，拿一把菜刀剁掉他那該死的小底迪。為了避免犯下不該犯下的罪刑，妳問，那我什麼時候可以離婚？

答案，妳已經不愛他了。

當妳看到他，不再有任何一點心動心痛的感覺，妳不會想到過去你們曾有的美好時光而笑，也不會因為想到他背叛妳的事實而哭。

妳看到他，只有一種噁心反胃想吐的感受，巴不得馬上送他去資源回收，也真心地希望他不要碰妳不要跟妳說話最好是離妳越遠越好……那麼，這個時候，就是妳可以痛快地甩掉他的時候。

這一次，不是妳因為被小三橫刀奪愛而含淚退出，而是妳認清了看夠了這個男人所以清醒離開。

這兩者的差別在於，前者妳的眼淚並不會因為分手或離婚而停止，甚至妳必須花更多的時間去療傷止痛，而後者妳和他仍是進行式，幸運的話他從此變成妳的乖綿羊，不幸的話至少妳可以藉此認清他的真面目。

知道是自己一度被戳瞎了眼，現在視力恢復就趕快逃亡去尋找下一春。

這世界上沒有人的愛情或婚姻是完美的。

所謂完美的愛情關係只存在於寫給青少女看的言情小說裡，那個永遠會原諒妳的任性、永遠不會犯錯的完美王子，只是放在漫畫裡的2D平面人物而已。

如果妳現在已經超過二十歲，那妳就應該明白我的意思，真實的愛情都是坑坑疤疤的。

事實上，正因為坑坑疤疤正因為殘破不堪，我們的愛情才會挺過一個又一個的考驗，變得越來越牢不可破，直到最後。

冷靜下來，平靜下來，用直覺去選擇讓妳能真正快樂的方法，祝福妳。

如果妳是別人的小三

有一次我去錄「大學生了沒」，那集的主題是表述正牌女友和小三的各自故事。以前我們會把第三者叫做狐狸精，現在則多了小三這個聽起來比較中性的名詞。

說真的，如果我十五歲就不小心偷嘗禁果生了孩子，眼前這些女大生也可能是我的女兒了。那次錄影讓我有些驚訝的是，現在的女生非但不會羞於承認自己在做別人的小三，有的還會大膽地去找正牌女友嗆聲！

我得要說，我之所以寫這篇文章，並不是我鼓勵或支持女生去做別人的小三，勾引別人的男友或老公。因為三個人的愛情，就是很擁擠，妳愛上了一個人，卻同時也傷害了另一個人。

然而，我們無法否認和逃避的是，從古代到現代，人類即便從鑽木取火演進到核能發電，但我們談戀愛的方式和邏輯，其實只是不斷地重複，又重複。

也就是說，前人犯過的錯，我們還是會不停地再犯。這麼說吧，愛迪生發明了電燈，我們就不必再去研究電燈怎麼被製造出來；人類的困境是，一個人在愛情上的實驗錯誤學習理解，卻無法像科學被記錄下來，然後傳給下一個人。

不過，這裡我試圖採用比較科學的方式，舉出兩個故事模型來作為對照，因為同樣是小三，她們卻有了截然不同的結局。

故事一，A女偶然受了A男的幫忙，慢慢地喜歡上他，她很快就發現，A男有交往多年的女朋友，當時A男雖屆適婚年齡但總說事業尚未有成，所以暫時不會結婚。

A女A男和正牌女友，三人勾勾纏長達五年的時間，這中間兩個女人都知道彼此的存在。A男告訴A女說他無法跟女友分手，女友為他拿過孩子，他對她有責任（當媽媽的忍不住要嘮叨一句，一定要做好防護措施啊，夾娃娃是扼殺無辜生命，也是傷害妳自己的身體。）

A男會帶著正牌女友和他的家人出遊，但A女也自認是他的女朋友，因為他平常陪她的時間似乎比陪正牌的多。

故事的結尾頗為驚悚，有一天A女偶然發現男朋友的皮夾裡沒有身分證，事實上有些人也沒有習慣天天帶身分證，但A女心生疑問窮追猛打，男人推說家裡長輩拿去辦事情等等唬嚨過去。

直到，對峙多年的正牌女友打電話給A女，得意地嗆聲：「我現在和他是合法夫妻，妳再不離開他，我就告妳妨害家庭！」（看這男的有多爛，連結婚也沒勇氣告訴A。）

A女至此明白這五年的等待付出全是一場空，她只能流淚退出自認輸家。事實上，這些年，她賠掉的不只是愛情，還有學業和工作。

故事二，B女因為工作的關係和同事B男越走越近，B男早就有一個交往三四年已經論及婚嫁的女友。這名正牌女友不僅工作能力強，錢賺得多，容貌也頗為靚麗，似乎就做老婆的條件來說，是相當無可挑剔的了。

B男的父母不停催促早就過了適婚年齡的B男快快娶女友入門，但是B男自從遇上

B女之後，心中卻起了奇妙的化學反應。

B男瞭解他就算娶了女友，心中還是無法忘懷他和B女的特殊默契和連結，他向女友提出分手但是女友不肯（這位女友很聰明地運用了〈如果妳的男人有小三〉的技巧，只要不分，我就永遠是大的。）

B男個性溫柔知道自己變心在先，他不想傷害女友，忍痛不再跟B女往來，絕情到可以不講電話，不碰面，甚至連一點基本的噓寒問暖也沒有。

B女就此死心，甚至都做好了有一天會接到B男喜帖的心理準備。

過了幾年，劇情急轉直下。

已經很久沒有連絡的B男，竟然突然出現在她面前，他說，女友已經和他分手一陣子，且也有了要好的新男友，準備要結婚了。他終於可以放下對女友的愧疚感，正當地來追求他心中真正的最愛。

這些年之所以沒有聯絡的原因，是因為他必須花時間去處理和原女友的關係，處理乾淨後他才覺得自己有資格回頭找B女。

B女和B男後來結婚，現在已經有了一個可愛的孩子，生活幸福穩定。

這兩個故事最大的差異在哪裡？答案其實顯而易見：男主角的態度。

故事一的A男其實從一開始就沒打算要跟原女友分手，無論他用什麼理由，他只想兩魚通吃，盡享齊人之福，甚至他到最後結婚了，都還沒打算要告訴A女這個可憐蟲。

而故事二的B男在發現自己變心的時候，很快就決定要做一個選擇，只是女友不放人，所以他採取了比較殘忍但事實上是比較有良心的途徑，他冒了一個最大的風險，那就是在他和B女斷絕聯絡的這段時間，B女可能就愛上別人甚至結婚去了。

換句話說，如果今天妳成了別人的小三，妳要怎麼知道妳有沒有機會等到扶正的那一天？很簡單，看男人處理這件事的速度有多快。

他有多快去向他的原女友或老婆坦白，那就代表他有多快想跟妳在一起。

他有多快去告訴那個可能還愛著他的女人：「我已經不愛妳，現在的我，愛的是另一個人。」也就說明，他的心有多快會屬於妳。

我必須中肯地說一句，小三不一定是錯的，那是因為，小三介入的那段愛情，本身可能就是錯的。

我們每個人即使再聰明，再理性，也未必能夠在每一次的選擇都做對。我們都有可能會選錯科系，找錯工作，當然也有可能愛錯男朋友，甚至挑錯老婆。

在我三十歲前，我和我老公的朋友群裡，就已經有三對夫妻離婚又再婚了（這些僅是我們有去吃過喜酒的，其它從本人或朋友聽說來的，族繁不及備載）。

幸運的是，這些再婚的朋友們現在都很幸福。

既然結婚都可能結錯人，何況是交男女朋友？

我並不是要替小三說好話，事實是，除非妳天生喜歡吃別人碗裡的飯，偷別人包包裡的錢，不然，誰想要做第三者？誰不想要可以跟喜歡的男人，大大方方地牽手走在路上，去他朋友家人的聚會，理直氣壯地在任何時間打電話給他？

如果那個男人告訴妳，他和他的女朋友有問題，他和他的老婆已經不說話很久了，要是他說的都是真的，那很好，代表他已經踏出了第一步，他發現他這段關係可能是錯的。

如果他還對妳說，妳才是他「對的人」，那麼，他難道不應該以最快的速度終結他的那段錯誤，然後投奔到對的這邊來？

在寫給大老婆和正牌女友看的〈如果妳的男人有小三〉提到，如果男人跪求原諒，女人也還愛他，是可以給他一次機會。換到小三這邊來，要是妳已經知道這個男人對他的老婆尋求原諒甚至和好，那妳就應該要看清，他根本不認為他的關係有問題，所以不需要「改錯為正」。

要是他嘴巴上還跟妳說妳才是他對的人，那就代表他在鬼扯！

根據我的觀察，一段三角關係，最慢應該要在半年內有一個明顯的結果。在這半年內，他至少要跟他女友提過一到兩次以上分手。

要是他根本沒有提過，或是你們卡在這個三角已經拖過半年，那麼我會建議妳，是該離開這個男人的時候。

妳該離開的原因，就是他如果在半年內都處理不了，也就代表他根本無法處理，甚至是無心處理。

妳再等，再耗，只不過是讓自己做更久的小三，拖到最後妳也老了，心也累了，他還是娶了那個他說不愛的女朋友。（當然，這時候妳還會相信他真的不愛她嗎？少來了。）

如果，妳對他而言才是那個「對的人」，他真心愛妳，只是現在一時無法乾淨分手，那麼，即使妳真正完全地離開，他也會不計代價不辭辛勞地找到妳。因為他是真的愛妳，無論妳走得多遠，他都會回到妳身邊。

是真愛，就不怕他不會是妳的，不是嗎？

很多小三之所以走不了，狠不下心，是因為認定自己才是那個被愛的人，所以抱持著渺小的希望，等待著對方分手的那一天。

但是，為什麼在這世界上的三角關係，最後還是男人跟大老婆或正牌女友收尾的比較多？為什麼，小三苦等了那麼多年，那麼多年，最後她終究還是個小三？

因為，在那個男人的認知裡，他還是認為，他和老婆是對的，而他和妳是錯的。
只要他任何一天是這麼想，對的就永遠不會變成錯的，錯的也永遠不會變成對的。
而妳？去找下一個真正「對」的人吧。

如果妳需要生一個兒子

妳愛他，真的不是因為他有錢。

妳不得不承認，妳是接受迪士尼童話洗腦教育長大的女生。

小時候，妳也看白雪公主和灰姑娘，不管妳喜不喜歡毒蘋果和玻璃鞋的點子，公主終究會愛上王子，平凡人會變成有錢人，他們會快樂幸福地過一生。

妳可能曾經偷偷嚮往，自己也會遇到王子，結婚以後，會住在像城堡一樣的房子裡。沒想到，長大以後，妳真的很幸運，妳愛上的他，比妳有錢。妳更幸運的是，他也愛妳，而且考慮或已經把妳娶回家。

現在仔細回想起來，當妳已經成為他的正牌女朋友或老婆的時候，他有不有錢，其實妳真的不常想到。

我是說，當妳面對他的嘴巴，面對他的身體，面對他的陰莖，還不是一樣需要性的衝動，妳才能真真心心地擁抱他，親吻他。

鈔票不會影響妳的性慾，更何況，那是存在銀行裡，跟他是不是一個 good kisser，是不是一個 good fucker，一點關係也沒有。

或者說，當妳真的已經愛上這個男人，妳每次接到他的電話就會笑，看到他吃東西的樣子就覺得他好可愛，挨在他的懷裡就希望時間可以更久一點，妳真的不在乎他老爸是誰，他年薪多少，他開什麼車，他住在公寓還是大廈還是別墅。

因為，通常在熱戀的頭一年，被愛慾沖昏頭的戀人們即使一起窩在貧民窟裡也無所謂。

真正的關鍵點，往往反而是，當妳即將，或已經名正言順地成為他的老婆，他家的媳婦，代表著這筆財富或是這個家族的一個無血緣的女人。

這個時候，妳逐漸了解，妳其實不希望，他是那個別人客觀認為「有錢」的男人。

當妳嫁給他，人會說，妳是撈到金龜婿，嫁入豪門，妳是少奶奶了，以後可以不用上班不用賺錢不用煩惱生活，妳會過得很好，就跟童話裡的灰姑娘跟白雪公主一樣，從此快樂幸福的過一生。妳真的很希望，妳能收到單純的祝福，就跟所有嫁給平凡人，嫁給窮光蛋的女人一樣，妳希望大家看到妳對這份愛情的本質，妳願意嫁給他，真的不是因為他給妳的戒指比較大。

人總不知道的是，妳的新家人其實沒那麼喜歡妳，他們看妳的眼光總是在說「妳可以再更好一點」。妳很努力做得很好，妳有傭人管家保母司機幫妳做很多事，可是妳也最好會傭人管家保母司機在做的事，這代表妳很能幹，這個家需要妳。

妳家雖然很大，客廳很大，廚房很大，臥室很大，浴室很大，妳可以有一張梳妝台甚至更衣間，但是可能不允許擁有一張私人的書桌，或是私人的書房——拜託，妳是皇后耶，皇后只需要化妝打扮哪需要寫字畫圖呢？

妳的老公或許不像那些八卦週刊寫的那麼花心，他只是很忙，真的很忙，妳真的希望他忙一點，至少可以忙到沒時間養情婦，也有可能他總是很閒，到這個年紀了他還在跟父母伸手拿錢。

只是當妳觀察他的辦事能力，妳發現妳根本比他還會工作，還會賺錢，妳什麼都會，但是這些都不重要，重要的是妳能不能生得出一個帶把的傢伙。

妳承認，妳真的很需要，生一個兒子。

妳看著友人的肚皮，那個她的老公不像妳老公那麼疼妳，另一個她的婆婆是個磨人精，再一個她的老公根本是個膨風的假小開，她們都沒有妳有錢，妳聰明，妳幸福，問題是，她們都有兒子，而妳沒有。

在這個莫名其妙的華語社會裡，有很多媳婦跟妳一樣煩惱生不出兒子，這個問題本來跟妳的老公有不有錢一點關係也沒有，只是有一個邏輯妳一直想不通，為什麼嫁入豪門就被期待要生兒子？這兩件事到底有什麼關聯？

難道有錢人的父母就一定比較重男輕女嗎？因為遺產只能由延續姓氏的男人來繼承嗎？在這個同性戀也可以牽手上街、變性人也可以公開過去、甚至報戶口都可以自由跟隨父姓或母姓的年代，妳生的孩子有沒有陰莖為什麼很重要呢？

這當然很重要，就在那新生兒下體那微不足道小小的陰莖，代表的是妳在這個家族裡的地位，妳在公婆面前的形象，妳對妳老公永誌不渝無須懷疑的愛。

因為妳愛他，所以妳可以想辦法吃中藥靠食補吃魚吃青菜，好讓妳老公的XY大軍入侵時，Y能夠成功戰勝這關鍵的一役，攻入妳最脆弱最無辜最天真的核心。

為什麼？

因為妳的X是那麼的純潔無知，她根本沒辦法決定她到底是要挑X還是Y，或許他的Y就是老弱殘兵，根本不堪一擊，或許他的Y早就不知道躲到哪裡去逍遙自在忘了自己的使命了，而妳的X竟然莫名其妙得要負起一切責任。

這樣說好了，生不出兒子，都是妳的肚子要負起一切責任，因為大家都在關注妳的肚子，而不是關注妳老公的Y到底行不行。

到這個時候，妳終於明白很重要的一件事，妳愛他，真的不是因為他有錢，只是錢的數量，可以影響妳高不高興要不要生兒子。

如果妳賺得比他多，妳可以買到的房子比他更貴，妳可以瀟灑地跟他分手而不要贍養費，妳可以過得很好甚至比跟他一起過還好的話，那麼妳為什麼需要一個兒子？

謹以此文獻給命中注定的必生子媳婦，及所有有生男困擾的女性，生得出來是緣分，生不出來莫自責。

假如妳是男生就好了

第一次聽到這句話，是聽一個同學說的。她說，她爸媽是這樣告訴她的：

「假如妳是男生就好了。」

當時，只有十四歲的我，還無法確切感受，這句話對一個少女的殺傷力是什麼。我生長在一個只有姐妹的家庭，祖父母那一輩過世得早，爸媽都是十幾歲就北上獨立謀生，邊打工邊讀書的小孩。

爸媽結婚後，我們家就如一個衛星小家庭，跟其他的親戚保持著適當的距離，所謂上一輩那種養兒防老或重男輕女的觀念，我個人感受並不深。

我那位同學，則是深受這種制式觀念所苦的人。她說，逢年過節的時候，爺爺給弟弟的紅包特別厚，過份一點的時候，連正眼都不願意看她一眼，就當她這個孫女不存在似的。

所謂男女的差異到底是什麼，所謂的重男輕女到底是什麼，對於不同的女孩，有截然不同的感受。

在平等觀念中長大的女孩，對她們來說，性別是一種類似於生理特徵這種無關緊要的存在，就像有的人是直頭髮，有的人則是自然捲。與其在乎自己的性別是什麼，她們可能還比較在意自己的頭髮順不順。

在平等觀念中長大的女孩，對她們來說，男生就是可以站著上廁所，體育課後會臭汗淋漓，惡作劇總比乖學生多的那一群人。

男生不代表比較優秀比較強的人，他們或許跑得比較快，打球時也可以跳得比較高，但是在其他的方面，女生不見得會輸給他們。

那麼，除非父母希望他們的小孩，長大後可以參加奧運的鐵人三項，不然，對在平等觀念中長大的女孩來說，男生女生真的沒什麼不同。

對於「假如妳是男生就好了」的女孩們來說，性別是一種比任何表現都重要的存在。她們在班上名列前茅，甚至參加田徑賽、繪畫比賽、鋼琴比賽、演講比賽，在每項激烈的戰事中表現傑出，但是無論她們多優秀，都還不如她們腿間有個凸出物來得重要。

對於「假如妳是男生就好了」的女孩們來說，她們對於性別就如命運，有一種無可奈何的態度，她們從沒有真正打從心底認同自己是個女生。

偏見或歧視，是一種必須經過親身體驗才能領會的真實感受。當別人告訴你，哪裡有偏見，什麼地方歧視正在發生，這種感受很難傳達到聽者本身，然後化成同理心的經驗。

我們只能以安慰者的角度鼓勵對方，但缺乏真實經驗的我們，卻很難達到完全的感同身受。

例如，我第一次一個人到歐洲旅行的時候，在商店排了很久的隊，眼睜睜地看著被插隊，而櫃檯店員無視我的存在和抗議，聳聳肩先幫插隊的那個傢伙結帳，我承認，那是我生平第一次感受到什麼叫做「歧視」。

以前聽過一個很有趣的小故事，在美國的小學，一個老師如何教授「種族歧視」這樣的議題。

某一天，老師告訴班上的同學，藍眼珠的同學比褐色眼珠的同學優秀，所以大家可以不必對褐色眼珠的同學好。

那天，褐色眼珠的小朋友被欺負得很慘。

第二天，老師又告訴大家，他搞錯了，原來褐色眼珠的同學其實比藍眼珠的優秀。這天，褐色眼珠的小朋友以牙還牙，反過來把藍眼珠的整得慘兮兮。

第三天，老師說「過去兩天是我騙你們的，從來就沒有哪種眼珠的人比哪種眼珠的人優秀。現在，你們都嚐過被歧視的滋味了，知道被歧視是一件多不愉快的事。在這世界上，每個人都是平等的，你們要學習尊重別人的膚色和特徵。」

膚色不是我可以選擇的，就像性別也不是我可以選擇的一樣。

讀社會學的時候，我一直以為性別是社會建構出來，而非天生的。但是當我變成了母親，我才發現，只要你有養育小孩的經驗，你就不太可能認為性別是後天建構出來的。

我女兒還不會爬的時候，我就準備一整箱的玩具任她挑選，玩具全部是由她的小表哥表姊提供的，有他們玩過不要的布娃娃，小車子，積木，長相奇怪的熊或恐龍，還有一些速食店贈送的玩具。

那時候我就觀察到一個很有趣的現象，她看到軟軟的，可愛的，粉色的玩具會優先去觸摸，對車子跟硬梆梆的東西完全沒興趣，長相可怕的玩具則被她丟在一邊，小表哥們愛不釋手的恐龍放到她身邊她還會大哭。

去年，我生了老二，是個男生，剛好跟女兒相反。他從會拿握玩具時，就把姊姊的軟綿綿玩偶全丟一旁，只去碰那些硬的東西，而且是越硬的越好。最喜歡把任何硬體固體塞到嘴裡，不是發出「喀啦喀啦」的咬磨聲，就是發出「嗯嗯哼哼」如野獸般呼喊的低沈嗓音。完全就是個男子漢的樣子。

既然性別天生，我們又有什麼選擇？

作為兒女的不能選擇，但是作為父母的可以選擇，我們可以選擇接受他。

接受，看起來很容易，但做起來很難。每個父母都認為自己的小孩最可愛，最優秀，要學著接受她就是長得沒那麼好看，接受她或許就是個平凡的人，接受她本來就是一個×××而不是一個○○○的人，接受她雖然是妳的孩子，但是她跟妳是完全不同的兩個人。

「假如妳是男生就好了。」如果妳的父母這樣告訴妳。

妳不妨就這樣告訴他：

「假如我可以選擇自己的性別，那我也很想選擇自己的父母。但既然我都不能選擇，你要不要就選擇接受我是個女生？」

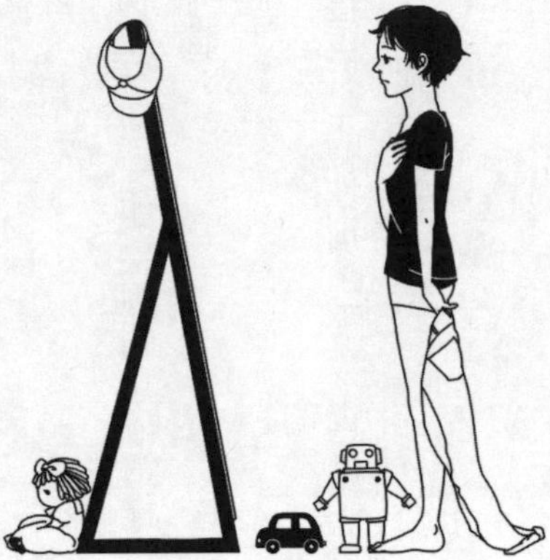

妳贏了，卻輸掉了愛情

人說，從不會忘記，第一次和心愛的他，相遇的那個場景。

他是怎麼樣看到妳，他是怎麼對妳說出第一句話，他是怎麼對妳笑的，那天的天氣，時間，環境的聲音，甚至空氣的味道，妳都清楚記得。

就像妳永遠能說出，一九九九年的九月二十一號，或二〇〇九年的九月十一號，那一天，妳在哪裡，正做著什麼。

人會忘記一個平凡的日子，卻不會忘記重大事件發生的那一天。

與他相遇，對妳來說，就是一個刻骨銘心的重大日子。

無論他是多麼平凡的男人，妳知道，他卻永遠是妳不平凡的存在。

從那一天開始，妳一直以為，妳會和不平凡的他，共度平凡的一生。

直到，妳的生命裡，另一個重大事件的發生。

妳曾經相信，那應該是妳搬進你們第一個家的那一天，那應該是妳為他生下第一個孩子的那一天，那應該，是妳和他，手握著手，看著你們的女兒，在畢業典禮上台領證書的那一天……

然而，並不是。

那是一個平靜的星期三，妳和往常一樣地早起，幫妳的女兒泡了一杯奶，準備好早餐，牽著她嫩嫩的小手到衣櫃前，幫她穿上學校的制服，把她柔柔細細的頭髮綁成漂亮的辮子。八歲的孩子身體軟軟的，妳摟著她，聞著她睡過一夜之後仍然存在的肥皂香。

每一個早晨，妳望著她的臉，都感到不可思議。在這世界上，怎麼會有這麼可愛的笑容。

但是，這一天和往常的星期二不一樣。

妳家樓下突然湧來好幾台電視台的 SNG 車，妳曾經對那些人熟悉，他們曾經是妳的同事，但不應該是在這樣的場景敘舊。妳的手機響個不停，有來電顯示的也有沒來電顯示的，妳很想聽聽親友的聲音，想聽聽她們給妳的撫慰，但妳無法分辨，到底誰是真的關心妳，誰又是想來探聽更多的八卦。

妳甚至連自家附近的便利商店都不敢去，那扭曲變形的周刊照片隨處可見，就擺在妳女兒最喜歡的巧克力餅乾旁邊。

妳無法想像，當天真無邪的小女孩大聲地指認出那是最疼愛最寵溺她的父親，正在親吻著一個不是他妻子的女人，妳到底該說對，還是錯。

這一個重大日子，竟然壓過了妳生命中其他日子的重量，也壓過了妳靈魂所能承受的最大重量，於是，妳輕輕地拿起身邊距離妳最近的尖銳物品。

當妳來到醫院，妳甚至不知道妳是怎麼拿到那把刀的。

就在這一天前的許多個日子裡，妳一直以為，妳手上拿著的那把刀，應該劃在你們的結婚蛋糕上，或妳女兒的生日蛋糕上，而不是劃在妳潔白的身體上，那怵目驚心的一道血痕。

這就是他承諾給妳的幸福和快樂，妳曾經那麼篤信著，而今這一切卻變得如此不堪。

妳才慢慢想起，他是一個平凡的男人。

他有所有平凡男人都有的缺點，自我，傲慢，追求權力，以及任何慾望。

他供給著一切妳所需要所想要的，他也理所當然地認為，他可以滿足自己一切所需要所想要的。

妳住居的豪宅，妳坐臥的這一張沙發，妳剛買的那個名牌包，那雙高跟鞋，甚至妳喝的這杯水，打的這一通電話……哪一樣，不是由這個男人所拚得的。

妳並沒有他們說的那麼貪心，但妳像隻籠中鳥被伺候飼養著這麼多年，妳早就忘了在天空飛翔的能力。

他明白，所以他毫無畏懼。

他既有能力給妳最好的最舒適的一切，他也有能力給予他自己最好的最舒適的一切，無論是物質，還是女人；他能使妳快樂，他也有權利使自己快樂，無論那個女人，是叫做妻子，情婦，或是女朋友，那都沒關係。

當他無法從妳這裡獲得愛情，他便向別的女人索求愛情。

妳和其他女人一樣，聲淚俱下指責他是不對的，他怎麼可以這樣做，他不可以背叛妳，背叛家庭，背叛對你的承諾……然而就在妳心底最深最暗最幽冥處，妳知道，婚姻證書和結婚鑽戒，從來就不能保證愛情的溫度。

不然，妳就不會在這裡了。

今天住居在這間豪宅，坐臥在這張沙發，喝著這杯水，對著麥克風細數過往，澄清解釋的那個女人，不應該是妳。

那個女人，妳慢慢地想起。妳從來不敢直視她眼睛，妳曾經遺忘她的痛苦，無視她的憤怒，妳拒絕用任何負面字眼來形容自己。

妳快樂享受著現在式的愛情，告訴自己，愛情本來就有保存期，她是過期品，而妳是剛上架的新鮮貨。

這一種 déjà vu 的諷刺感，是那麼似曾相識，又令人那麼不愉快。

妳終於明白，妳遺忘的，妳忽視的，那些痛苦和憤怒都回來了，不是從那個也曾被稱為「妻子」的女人，而是從那個妳也當過卻拒絕直視的「第三者」，她是他的現在式，而妳成了過去式。

當妳也成了「妻子」，妳以為妳已經沒有什麼好失去的。身分證上的配偶欄，戶口名簿上的母親那一格，甚至連他購置的財產，都白紙黑字地填著妳的名字。妳安心安全安穩地度過每一天，妳以為自己緊抓著他的每一分每一毫。妳是他的妻子，他承諾過要給妳永生幸福的名義上的女人，即使有個萬一發生，妳也不至於一無所有。

當這一天終於來臨，當妳確實以「妻子」的名義，獲得妳想像中「萬一發生」的該有的補償。

就像當年那個被妳遺忘的那個女人一樣，過億的房產，衣食無憂的生活費，甚至，和他一起生的孩子，妳都得到了。

妳終於明白，原來這就是，妳和他的結局。

妳確實不是一無所有。

妳贏了，但是妳卻輸掉了愛情。

現在，請重新想像你們的故事。

如果，他僅僅是一個月薪三萬的上班族，妳也不是他豢養的籠中鳥。

他確實是個平凡的男人，比妳想像中的還要平凡。

妳和她，另一個她，還會爭到這麼頭破血流嗎？

妳仍然一無所有，他不會給妳現在妳所贏得的一切，但是妳也不會再輸掉什麼。

妳和他在一起唯一的理由，就是愛情。

而這也是，他能給妳，最好的戰利品。

Chapter 4

不只是兩個人

熟女主婦流行中

前陣子過年期間台北陰雨綿綿，只能瞎逛百貨公司，意外巧遇多年不見的高中同學，和未曾謀面的她老公與小孩。透過臉書無遠弗屆的世界網路，我也因此和幾位超過十年以上無連繫的高中同學搭上線，赫然發現，最近高學歷熟女最流行的職業，竟然是在家帶小孩當主婦！

我最好的密友H，國立大學英文系＋英國大學傳播碩士；國中同學J，也是英國大學傳播碩士還曾任職知名廣告公司；高中同學三名，皆為北一女台大畢業外加一個美國大學的碩士學歷；大學同學C，國立大學法律系學士碩士，具備律師資格；還有社團學姐，外商公司經理且同時拿到Stanford和Michigan Ann Arbor的MBA的入學許可……這些本應成為社會價值認定，在職場上打拼的「女強人」，現在個個是每天煮飯相夫教子的全職媽媽。

我還記得其中一位決定辭職，在部落格上寫下父親對她的不諒解：「我培養妳從小到大，念最好的學校，是要妳當總經理，不是要妳當一個家庭主婦！」

父母對孩子總抱持著望子成龍望女成鳳的虛榮心，當孩子選擇不照你期望的路線走，或你發現，他其實比你想像中還要平凡，不能接受「我的兒子（女兒）就是個普通人」的父母，往往很崩潰。

說穿了，什麼樣學歷的人就該做什麼樣的事，也不過是這社會洗腦出來的一種勢利眼。

我的好友S，以前是醫生爸爸捧在手掌心的千金嬌嬌女，遠嫁美國之後，現在是三個孩子的媽。

「妳絕對無法想像，我可以一個人搞定這三個小鬼，洗衣服掃地煮飯，晚上還弄宵夜給我老公吃。」她在越洋電話裡跟我說。

我們之中的一個好姊妹去看她，她每天早上開一台七人座的休旅車出門，送老大去小學，老二去幼稚園，再帶老三去買菜，「妳看我是不是很像幼稚園園長，每天開一台娃娃車出門？」S自嘲。

「有時候我會很羨慕妳們，妳們都好有成就。」S有次這樣說。

「有什麼好羨慕的？妳的成就就是妳的孩子啊，媽媽是全天下最辛苦也最幸福的職業。」我說。

「也是，他們真的好可愛喔。」S又恢復她那種甜甜的笑聲。

好友H，以前是我們媒體界知名的佼佼撰稿者，自從她決定在家帶小孩只接小稿且不出差之後，我常接到各家雜誌打來的哀嚎電話，問我還有沒有像她這麼優秀的人可以推薦。

結婚前的H常笑我們這些媽，「有了子就不認友」，每天下班之後不飯局也不唱歌，像個腳底抹油的灰姑娘只想衝回家陪小孩。

我那時候淡淡地回她一句：「等妳有了孩子再來跟我說啊。」結果兒子剛滿月，她就在MSN上喜孜孜地跟我說：

「我現在每天都像在跟我兒子談戀愛耶。」

切！當年還敢說別人。

我得慚愧地承認，至今我仍沒有勇氣成為一個全職媽媽，是出於懶惰和自私。當媽媽很累，很辛苦，每天被那個要哭要吃的小魔頭折磨，覺睡不好，連一頓飯都沒辦法好好吃，上廁所到一半，魔頭都可以哭得死去活來，弄到我神經衰弱。

當我休完公定的產假，把米米交給保母，回去當記者的第一天，我是第一次吃完一頓完整的午餐，竟然也有了自由的時間可以上網，我才明白：

天啊！原來上班是這麼輕鬆愉快的事！難怪我認識的全職媽媽，每個都好瘦，因為這樣操一天，怎麼可能胖得起來！

或許我工作也有那麼一點是為了追求成就感，不過有更多的部分，我其實是想保留一點個人的生活。白天讓米米待在保母家或幼稚園，我專心寫作，劇本或邀稿告一段落的時候，還可以去逛個街，找個朋友吃飯喝午茶。

一天至少有八個小時，我可以想幹嘛就幹嘛，如果當了全職媽媽，我必然會失去自由，就像我的週末一樣。我每次都說，每到 weekend，我就是四十八小時不打烊的便利商店，給女兒予取予求。

我始終很佩服那些願意當全職媽媽的朋友同學們，她們把自己最寶貴的時間，都奉獻給陪伴小孩。

如果有別人懷疑，她們對社會沒有貢獻，浪費了自己的學歷或才智，我認為這是大錯特錯。

事實上，作為一個上班族，很多時候我們都覺得自己在應付傷腦筋的下屬，不聰明的老闆，只看數字不看價值的豬頭公司。與其把時間浪費在這做到過勞死也不會感謝你的鬼地方，還不如回家哄哄抱抱那個正無限愛你的小天使。（丹尼爾：欸？這時候魔頭又變天使啦……。）

更何況，把自己的才華用來教育下一代，在這少子化的年代，何嘗不是最有社會貢獻的一件事？

更何況，小孩愛妳是有限期的，他對妳無盡的愛情，正隨著他的可愛與日俱減。

當妳發現，妳的小天使已經變成一個愛頂嘴又孤僻的青少年，妳就知道，他不會再像過去那樣無條件地愛著妳了。

每次看到有人爭論或煩惱，生子不是女人義務，婆家不應逼迫媳婦生兒子，到底結婚該不該生小孩等等，我想說的是，生子是女人的天賦。

因為是天賦，所以有的人有，有的人沒有，有的人用得到，有的人卻用不到。天賦不是人可以控制的東西，你喜歡唱歌但歌卻唱得不一定好，很會唱歌的歌手發片後，也不一定會大紅大紫。上天弄人，不想懷孕的未婚少女上診所夾娃娃，求子多年的苦心夫妻，卻想註生娘是不是漏了他們這一家。

正因為是天賦，所以能決定要不要運用的，只有妳。

沒人可以逼迫妳使用自己的天賦，如果妳決定終其一生都不要使用，那也是妳的決定，別人必須尊重。如果妳擁有這天賦，而且用得上，那真的很棒，妳要加倍感謝給妳身體的父母，給妳機會的另一半。

當妳成為一個母親，妳會瞭解，這或許是妳這一生最幸運的事。

如果妳沒有這天賦，或別人想扭曲妳的天賦，不要傷心，這不是妳的錯。妳必然擁有其他的才華，或者具備比當母親更重要的使命。

每個孩子都是命中註定的禮物，無論是男是女，他身上承載著屬於妳和他的一部份，有你們的優點，也有你們的缺點，父母要花一輩子的時間，才能體會這份禮物的意義。

當妳想到，妳這看似平凡無奇的肚皮下，竟然能孕育出一個有手有腳有心跳有思想還會說愛妳的小動物時，妳怎能不為女人的身體感到驕傲？又有誰能比妳更體會，人生最複雜最精采的奧妙經驗？

祝福每一個女人，也為每一位媽媽拍拍手。

像我們這樣的平凡女人

出生的時候，我們眨著長長的睫毛，看見了生命裡的第一個男人，父親。

「啊，恰查某！」他望見了妳的睫毛，而妳沒有發現，在他眼裡閃過的一抹失望。

如果是個男孩就好了，很多父親都會這麼想。

隨著我們逐漸長大，在學校裡和男生競爭功課和體育，我們總是天真的以為，和隔壁那個字寫得歪七扭八的傢伙相比，差別只不過是，尿尿的時候，我坐著，他站著。

還有，夏天的時候，他們身上的味道總是不太好聞。

青春期的時候，我們逐漸知道那叫做異性，那叫做愛情。

隔壁班的男生多看妳一眼妳會臉紅，圖書館有陌生男孩塞紙條送東西給妳妳會手足無措。妳總不知道該離他們遠一點還是近一點好，他們望著妳的表情那麼傻氣那麼可愛，但是妳聽說了不可以跟男生坐太近，妳聽說了不可以跟男生摸來摸去，妳聽說了很多具體的不具體的種種，妳很好奇又不敢大膽往前進。

二十歲以後妳總算可以光明正大地牽起男生的手，妳沒有想過以後妳要嫁給什麼樣的人，妳只是理所當然地喜歡那個長得帥一點的學長，長得高一點的同學，至於那個人到底家裡有沒有錢有沒有房，妳根本不在乎。

妳想的愛情是那麼簡單，他喜歡妳，妳喜歡他，妳們可以一起上山看夜景看日出，即使騎摩托車抱著他的腰繞過半個城市妳也不以為苦。

妳以為這就叫做幸福。

畢了業以後妳開始工作，開始賺錢。妳每天起床用有限預算把自己打理得整整齊齊，可能騎著一台小摩托車，或者擠進比百貨周年慶更可怕的捷運車廂裡，妳認認真真地賺錢工作過每一天，被老闆罵了或許躲進廁所裡掉兩滴淚，或許在茶水間或噗浪上和同事發發牢騷。

下了班妳還沒休息，可能再去哪裡上個進修學個語言，要不和姐妹淘閃進百貨公司逛一圈後，兩手空空地走出來，還是在路邊攤才捨得下手。妳這一點一滴攢起來的微薄薪水，要不分擔給家裡，要不積累等著實現妳期待的夢想。

妳的夢想可能始終沒有實現。

出國旅行環遊世界，放長假進修，回學校念研究所……妳知道不是妳不夠努力，但就是有種種的因素，妳的夢想被擱置了。

然後，妳結婚了。

妳看著國外雜誌上的婚紗照和鑽戒吞口水，妳知道妳的婚禮會跟幻想的相差很遠，妳美麗的婚紗外會套上不怎麼搭軋的沉重金飾，妳期待的婚宴事實上充滿了一堆不熟悉的長輩談笑吵鬧，還有不知哪裡來的小鬼，在妳發表感人宣言的時候爆哭尖叫，但這都沒關係，因為，妳嫁給了妳最喜歡的人。

等妳真正步入婚姻，成為真正的妻子，媳婦之後，妳才知道，有好多好多事，是妳不曾明白過的。

妳說，妳很堅強妳很優秀，妳以為妳願意為妳的家庭做任何付出，妳以為老公回家幫他搥個背，婆婆生日買個包給她這就叫做付出。妳沒有想過，當妳最愛的男人，眨著眼睛要妳無論如何也得拼個兒子的時候，當妳這雙白皙無瑕的手，從沒幫妳媽擦過藥的手卻得幫公公換尿盆的時候，妳終於明白，或者妳終於有資格說，妳願意為妳的家庭付出。

妳從不知道，以前這雙妳總是擦得漂漂亮亮指甲油的這雙手，在鍵盤上飛舞和朋友談笑，拿著紅酒杯吃美食享受的這雙手，現在最得意的工作，竟然是幫妳兩歲的便秘女兒挖大便。

妳變了。

妳工作了一整天，拖著疲累的身軀把自己塞進公車，無論是雨天還是晴天，妳唯一掛念的，是家人的晚餐。妳一肩揹著包包，一手撐著雨傘或提著筆電，妳還走去附近的小店買了餐盒，或是兩樣青菜。妳從沒想過以前約會時連個小手提包也丟給男友的妳，現在變得如此強壯。

妳走得很快，快得沒有心思瀏覽櫥窗裡的新衣，妳想的事情無比簡單，妳想待會回家先把冰箱的那鍋肉給熱了，然後再下鍋炒兩個菜就能開飯，妳想待會寶貝一進門妳先問他今天還有沒有流鼻水，妳想那個男人妳以前叫甜心現在叫把拔的男人，妳一見到他先叫他去繳房租跟水電費，還有下個月媽生日他到底決定好要吃哪家餐廳沒有……妳腦中的記憶體快速地跑著這些停不下來的瑣事，然後，妳踏進了門。

妳把一桌菜弄上桌了，第一件事不是坐下來和妳的男人舉杯，也不是張開筷子大快朵頤。妳拿起雞腿那個最肥最嫩妳最喜歡的部位，拿著一把剪刀把它剪得碎碎細細的，妳沒有送入口而是送到了妳孩子的面前。

他張著小嘴巴咀嚼著妳最喜歡的雞腿肉，妳看著好滿意，還問他夠不夠，然後妳拿起那隻破破爛爛的雞骨頭啃了起來，妳一點都不委屈。

每天晚上，妳把寶貝送上床了，親著他的小臉蛋幫他蓋好被子。妳的另一半可能也不知何時已經呼呼睡去。妳回到客廳，把地上的玩具丟進籃子，把男人喝了酒的空杯吃過零食的空袋收拾乾淨，妳好不容易熄了燈，鑽進被子裡的妳卻還沒休息，妳讀著書，翻著雜誌，妳想利用一天僅剩的這一點時間充實自己。沒讀幾個字妳就昏昏睡去。

妳忙忙碌碌過了一天，每一天。

妳知道妳老公賺得沒妳想像中多，妳知道他有好多凡人的缺點而妳繼續包容著，妳知道妳應該把更多時間更多金錢拿來寵愛自己，妳知道妳忘了過去最愛狂歡最愛熱鬧的聖誕節或情人節，妳不再那麼追求光鮮亮麗，也不在乎臉上的妝有多精緻美麗。

妳知道，妳變了。

但是，這就是我們的夢想，我們的幸福。

因為妳終於了解，我們從出生的那一天起，就有不凡的使命。

我們說話聲音總是比較好聽，觀察人的心思總是比較細密，老師交代給我們的事情我們從不會忘記，教討厭鬼寫功課，把髒教室打理乾淨，這是我們理所當然的天生。

我們總是懂得傾聽，懂得安慰，從街頭賣早餐的歐巴桑，到妳辦公室裡接電話的總機，這就是我們。我們關心著別人一天吃飽了沒，哪裡不舒服要記得去看醫生，我們不嫌囉嗦地照護著別人，這是我們理所當然的溫柔。

我們總是用著眼睛仔仔細細地看守著自己最愛惜的東西，老公，小孩，父母親，我們用盡心力給他們最好最享受的，當他們露出最滿意最開心的笑容，我們就得到最多最完整的快樂，這是我們理所當然的付出。

這就是我們，無論經過多長的時間，我們都不曾忘記，自己的使命，自己存在的意義。因為我們是那麼特別，又那麼堅強，我們早就理解，那不叫委曲，那不叫犧牲，這是真正的溫柔，真正的付出。

因為我們被需要著，我們才得以活著。

因為我們真心去愛別人，我們才擁有被愛的幸福。

像我們這樣的平凡女人。

愛情是一種互相需要

我時常思考一些愛情裡無解的問題，例如：
「他帥氣聰明幽默，為什麼找不到真愛？」
「她這麼迷人，為什麼都留不住男人？」
「她認真體貼善良，為什麼沒有男友跟她求婚？」
「他是一個爛王八，為什麼總有女人要愛他？」

年紀越大，我們對答案越來越困惑。

我們常常發現，那些劈腿不斷的爛咖並不會真的得到懲罰，還在愛情裡流浪的單身先生小姐卻往往都是真正的好人。

我們曾經相信「老天有眼」的報應並沒有真的靈驗，妳詛咒的花癡可能獲得比妳令人羨慕的幸福。

於是在某個下雨的夜裡妳獨自步行回家，在這寂寥的路上妳想起了自己，妳很想繼續鼓勵，只要愛自己就會有對的人來愛，妳卻真心地知道妳根本沒有那麼多信心。

妳回到了家，妳或許有一個小有人氣的私人部落格，更幸運一點，妳可能養了隻寵物。妳發現部落格上網友的噓寒問暖，竟能讓妳充飽元氣，妳發現當你心愛的可愛的狗狗貓貓奔向妳的那瞬間，這是妳一天裡最開心的時刻。

但光有這些還是不夠，妳真正想要的幸福，是來自妳愛的人給予的那一份。

好像很簡單，為什麼很難？

讓我們回到妳和部落格，或妳和寵物之間的關係。妳之所以被滿足，是因為妳被需要了。

寵物需要妳，妳在牠的眼神裡讀出「媽媽我好想妳」這樣的訊息，部落格（或facebook或噗浪）需要妳，妳看到網友來的問題來的留言，妳知道有這麼多人在觀看關心妳的生活妳的動態。

妳感受到需要於是妳存在，妳回應那些需要於是妳滿足。

就像今天晚上，我正打算回到書桌一人靜靜地打下文章，這時候我女兒突然撒嬌地把頭靠在我的大腿上，像一隻小貓咪對我說：「媽媽陪米米～」

任何一個有血有淚的母親都不忍拒絕這樣的需求，於是我抱著筆電跟她回到了臥室，她一邊打滾一邊試圖讓自己入睡，而我就在旁邊寫文章。

我們在孩童時期需要父母，在青春時期需要朋友，在成熟時期需要戀人，隨著年紀越長，我們的需求會越來越集中在某些特定的人身上。

這就像年過三十的男人，會發現每天出去夜遊鬼混越來越不像二十歲的時候好玩，以前隨便找幾個朋友聊天喝酒就很嗨，現在最寂寞的時候，竟然想念起哪個還不差的昔日女友，幻想著自己和她共組家庭會如何。

小孩子和小動物一樣，他們從不掩飾他們簡單的需求。

我們人有時候感覺自己活著，正因為我們感覺自己被需要。

我們卻常常忘記，讓愛的人感覺我們需要他。

當他離開妳，他說：「妳不需要我。」妳知道，那不是真的。

但是反省妳自己，妳真的讓妳愛的人，感覺妳很需要他，妳非要他不可嗎？

或許沒有。

我有個朋友跟交往多年的女友分手，我問他，你們的相處出了什麼問題？

他說，他和女友每次去看房必吵架，他對她和同事之間的不愉快提出分析和建議，她卻一點也不想聽，還反怪他為什麼不支持。

「我覺得她根本不在乎我，兩個人在一起，如果一個人根本不需要另一個人的意見，那幹嘛要在一起？」

我還發現一種人，不論男女，不管他談什麼樣的戀愛最終都是莎喲那啦一途。他在他的愛情裡就像個不入戲的演員，他可以跟這個人在一起，也可以不在一起。

他一如單身地在自己的小宇宙裡安排著所有的工作和生活，他說不知道為什麼女人要離開他，但是客觀一點，你真的不知道除了性以外他為什麼需要女人。

我們反而常常看到，傳說中的校花或仙女，會嫁給一個貌不驚人卻腳踏實地的平凡男，我們常常看到，劈腿無數次惡名遠播的花心男，最終竟然會臣服在一個外貌內在都稱不上出色的乖女孩腳下。

或者，當你仔細去觀察，你身邊所有你以為吵吵鬧鬧殘破不堪的情侶或夫妻，他們的關係竟都還比妳這段無風無浪也無雨的愛情來的長久。

你終會發現一個不變的真理，那就是，這個人和那個人，他們是那麼要命地需要彼此。

仔細回想起來，以前我也被幾個男人說過「妳不需要我」。

如果這指的是，我等了你兩天電話甚至連家門都不敢出（我唸書的時候手機還不流行），然後接到電話卻只是溫柔地表示你在哪裡。我去你家做完功課也幫你煮完飯，還很豪氣的表示不用你開車送我我去搭公車就可以了。或者是我甚至可以開車載你出去玩，你就只要負責在旁邊抬槓喝啤酒甚至方向感比我還差找路也幫不上忙。

如果這就是男人所謂的「妳不需要我」，那我還真的被這句話呼嚨過幾年，也深深地檢討起自己是不是哪裡有問題。

妳會說，難道照顧好自己讓自己變成一個能幹堅強的人有錯嗎？難道凡事學會自己下決定自己安排未來這是不對的嗎？

沒有不對，但也不完全對。當我們習慣學著一個人料理生活的時候，我們很容易忘記，愛情永遠是兩個人的事。

當妳擁有一段關係，就代表妳正在過著「兩個人」的生活。

妳的任何一個細小決定，都會影響另一個在乎妳的人。

妳決定要辭職，妳決定要去念書，妳決定要搬出來住，妳決定去旅行，任何一個決定，妳以為是妳做的「一個人」決定，事實上是妳在你們「兩個人」的關係裡做出的決定。

妳做了一個人的決定，也就同時排除了他在妳人生裡扮演的角色重要性。

當妳為你們兩人安排約會或訪友，妳問過他這真的也是你想要的嗎？

當他試圖告訴妳一件妳其實並不感興趣的事，妳真的試圖曾經和他深入這話題嗎？

當妳自以為體貼地拒絕他的好意，例如接送或幫忙，妳知道妳正在阻止他對妳付出嗎？

我們之所以喜歡和寵物或小孩子在一起，那是因為他們總是那麼直接地索求我們的愛。

他們不考慮也不顧忌，他們會直接表達他現在真正所需要的是什麼，一個擁抱，一個親親，一塊蛋糕，一顆糖果。

我們不必返老還童，但如果我們能在心愛的人面前直言無諱自己的需要，那不也很可愛？

我們最離不開的人，往往都是最需要我們的人。

而我們為什麼跟身邊的這個人在一起，正因為彼此是無可取代的存在，他需要我，我也需要他。

如果有一個人給妳的分手台詞是：「妳不需要我。」

他真正想告訴妳的是：

我需要某個人，但我需要的不是妳。

男人什麼時候不需要妳？

女人談起戀愛很傻，一傻就想把全世界都給他。

但是，有時候所謂的「支持」和「愛情」，不是刻意要「給」他什麼，相反地，而是「不給」什麼。深入一點解釋，就是在關係裡，我們要學會站遠一點，退後一點。

妳和他在談的戀愛，是一年三百六十五天二十四小時，他不需要時時刻刻都有妳，同樣的，妳也不需要時時刻刻都服務他。

說白點，男人，有的時候根本不需要妳！如果妳還像隻花蝴蝶，自以為體貼可愛，在他身邊纏繞飛翔，對他來說，他可能只覺得妳比蒼蠅更惱人，比蚊子更折騰！

綜合我對一些男性朋友採訪得來的結論，在此我列舉幾種，可能「他不需要妳」的狀況：

1.他在工作的時候

無論妳的男人有多愛妳，對妳的話有多唯命是從，他有多會做家事，多會幫妳照顧長輩和孩子。妳都不要忘了一點：

工作和事業，永遠還是他心目中的第一位。

有的男人會在公開場合說，我把「家庭」擺在第一順位，是，其實他還有一句話沒說（或他自己根本不覺得）：

「在把工作做好之後，我把家庭擺在第一順位。」

莫可奈何的是，男人打從出生開始，就被社會或家庭價值賦予了較重的枷鎖，和較高的評量標準。

如果說「嫁不嫁得掉」是女人背負的原罪，那麼「夠不夠成功」大概就是男人一生擺脫不了的標籤。

所以，無論妳的男人，是小職員還是大主管，他在職場的表現，到底是五十分還是九十分，他都絕對不想在妳（全世界他最在意的異性面前）被看扁。

工作成績對他而言，還是一件相當嚴肅的事。

想像一個畫面，當一名選手，正在跑道上全力衝刺的時候，妳突然在觀眾席上打了一通電話給他：

「現在可不可以到××路口來接我？」

或者，妳對著那個正跑得汗水淋漓的選手，彷彿事不關己地插入一句：

「你覺得，我們新家的沙發，咖啡色還是米色好？」

妳真的覺得，他會有心思回答妳的問題嗎？

而當他僅僅是丟給妳一句，當下他能給妳最好的回答：「我現在在忙。」妳就微微不爽了，甚至，有點生氣了，更糟的，稍晚跟他算帳。

妳冷靜想想，到底是這個選手可憐，還是妳不講道理？

我的建議呢，迫切的問題，不妨傳簡訊問他，要是不迫切的問題，妳就自己看著辦吧。

2.他在看球賽的時候

我家的丹尼爾不是運動迷，不過我也和熱中運動的男人交往過，更不用說，我常聽到姐妹淘跟我抱怨：

「只要一轉到ESPN，他就像從沙發上人間蒸發了一樣！」

好友B的老公是個運動迷，現在出社會好些年了，還和同事組了支籃球隊，對他來說，運動頻道是看一整天也看不膩的節目，有時候週末在家無事，電視就可以定頻在ESPN一整天。

B說，有次她真的受不了了，到了傍晚，終於忍不住溫柔地和老公提議：

「親愛的，我們可以轉台看點新聞嗎？」

美國電視的運動頻道更多，輪流不停歇地播放。舉凡是大聯盟棒球，NBA籃賽，亞洲人一般看得較少的美式足球，還有世界各地的網球賽、高爾夫球賽，有的時候再來個奧運還世足的轉播，一整天連著二十四小時看都看不完（這大概是很多運動迷人妻的噩夢）。

我就聽過一對曾留學美國的夫妻，老婆無奈地跟我說：「我家老爺只要一看球賽，除非我喊『失火了！失火了！』，不然不管我講什麼，他都聽不見！」

如果妳家老爺也是個運動迷，那麼妳得理解，看球賽可能就是一個「他不需要妳」的時刻。

這段時間，妳不妨也安排自己喜歡的活動，找姊妹喝下午茶，自己去逛街買東西（其實我真的要買東西的時候喜歡一個人），或者看一本沒時間可以好好看完的書，甚至是專心地進廚房去做大菜（烹飪也能讓人心情愉快）。

總而言之，現在的他，不適合和妳討論什麼重大議題，他也絕對捨不得挪開屁股去替妳做什麼事，這是他在球賽裡放空休息的時刻。

往好處想，看球賽的他，雖然進入聾啞盲狀態，「看不見也聽不到」妳。

但是至少他還在妳眼前，而不是跑去哪個妳不知道的地方鬼混把妹了！

3.他和兄弟朋友敘舊的時候

這狀況很微妙，首先我們要先釐清一個基本題：妳的男人和他最好的朋友或狐朋狗黨聚會，妳到底該不該去？

套一句丹尼爾常說的「小狗尿尿理論」，如果是剛交往之初，妳對他的同學朋友同事都還不太熟悉，妳當然要殷勤地出席。

我所謂的殷勤，並不是他每次的聚會妳都要到，而是在「不同的場合&不同的對象」狀況下，妳至少要先去一次。

小狗尿尿理論，就是說，妳勾著妳男人的手，到了那場合，搖一下尾巴，撒泡尿宣示主權，向他所有的朋友表明：

「這男人是我的，我是他的女人！」

如果妳已經去過他所有的朋友或同學聚會，在某些場合裡，妳或許也把所有可疑和不可疑的對象都記上心頭（女人的雷達對其他的女人可是很靈的），那麼某些聚會，在妳都已經搞清楚誰是大頭誰是老三了，妳大概也心知肚明，真的就是再單純不過的「men's talk」。

這類純男人，純兄弟的聚會，妳是不是要每次都參加，視妳男人的態度而定。

他或許在事前會告訴妳，沒人會帶女朋友或老婆去，他們要喝酒（也同時要開很多黃腔），可能會很吵（他想順便偷抽幾根菸，或打幾盤妳不喜歡的麻將）。這種種言語暗示都在告訴妳：

「寶貝，我不是不愛妳，可是妳最好不要來！」

以前，我就曾聽過一個認識很久的男性朋友，在兩三年的交往之後，終於下定決心把他女友「開除」的故事，主因就在於，他女人真的相當地不識相！

「每次我和兄弟聚會，其實也沒幹嘛（沒亂把妹沒去酒店），但我們就很喜歡講低級笑話，抽幾根菸，可是她啊，就像一個FBI，板一張臉，黏得緊緊地坐在我旁邊，真的超掃興的！」我這位兄弟忍不住抱怨。

大部分普通而平凡的男人，並不會壞到成天想劈腿，有空檔就找妹去賓館，他們絕大多數都很願意對伴侶忠貞，對另一半誠實。

當他們跟心愛的女人在一起，總是表現得成熟，穩重，大方，像個男人，然而，他們有的時候，也很想回頭扮演那個出口愚蠢的小學男生，跟他最熟最麻吉的兄弟們，一起做些無聊下流的搞笑事！

如果妳想深入了解妳的男人，為何會有「想變成小學男生」的這種需求，推薦妳去看我上本書，〈即使到老，男人還是一個小男孩〉有詳盡的分析。

如果，妳男人的某些聚會，他詭異地從不交代清楚，也沒帶妳去過，那麼在〈妳和我媽，我該選誰？〉這篇裡有解答。（也是上本書啦，這就是廣告文啊，而且是明目張膽的那一種，哇哈哈）

4. 他和家人吵架的時候

如果妳和他在一起得夠久，不免妳可能就會遇到這種令人尷尬的狀況。

他接了通電話，然後冷不防地突然吵了起來，對方可能是他爸，或者是他媽，還是他家族裡的哪頭黑羊，哪位很有本事惹毛人的長輩，總之，這種時候，妳就靜靜地陪在他身邊，可能的話，甚至連一個問題也不要問。

無論妳和他在一起多久，對他的家人哪位是哪位有多瞭若指掌，甚至妳已經嫁給他，是他家堂堂正正的媳婦一名了，妳絕對不要忘記一個原則：

「他的家人永遠是他的家人，跟妳自己的家人不一樣。」

簡單說，妳可以批評妳自己的家人，但妳絕對不能批評他的家人。

無論他的家人有多少離譜的行徑，做了多少過分的事，那都不是妳有權可以插上一句的狀況。

妳可以聽，但不能跟著罵，在這種時候，無論妳有多保護他，多和他一樣義憤填膺，妳都要記得，這就是一個「不給」的時刻。

和家人吵架之後的他，需要的並不是妳的建議，妳的分析。他自己家的狀況，他自己家人的狀態，妳不可能比他還清楚。

與其把自己攪進去弄得一身泥，妳不如閉上嘴巴，安靜地站在場外就好。甚至，如果他說，必須馬上中止和妳的約會，或是馬上去哪裡一趟，妳最好的態度就是，站遠一點。

這時候他需要的，只是妳溫柔而堅定的支持，妳只要讓他知道，無論發生什麼事，我都在這裡，那就夠了。

我們因為很愛那個人，所以總想著自己可以為他做什麼，付出什麼，以為自己掏出了全部，他就不會離開，他就會愛這個全心奉獻的自己。

但即使是我們自己，也不喜歡被一個人緊緊包圍的感受。

想想妳和妳媽的關係，或者妳和朋友的關係，妳不喜歡家人對妳事事過問，不喜歡家人在妳煩心的時刻過度關心，妳更不可能和妳最好的朋友天天通電話，一下管她要去哪裡，一下又對她買的東西有意見。

我們總是懂得和其他人保持適當的距離，為什麼，在心愛的人面前，我們卻忘了他也需要空間和距離？

最好的關係，不是百分之一百的付出和給予，而是百分之五十的理解和退讓。
那麼剩下的百分之五十呢？

就自由發揮吧！

瞭解比愛更重要

妳有一段不算壞也不算好的關係，他沒有打算跟妳分手，但他沒有非要妳不可，他知道妳想結婚，但他卻遲遲沒有跟妳求婚。

你的她從不劈腿，從不說謊，從不故意做讓你生氣的事，你以為你們會一輩子，她卻說繼續下去沒有意義，你以為她愛上別人，她卻說她只是想要一個人。

你不懂，你們的關係出了什麼問題？你每天張開眼睛，面對著鏡子，你告訴自己：我很好，我有個伴，我喜歡他，他應該也喜歡我，我們沒有要分開，只是，我不是很清楚，為什麼，有沒有我，他都沒關係？

你回顧過去的愛情，彷彿關係進入穩定期，少了熱戀，少了衝動，你就變得不知所措。

你從來就不懂，為什麼跟你在一起一段時間的人，終究還是離開你；妳不懂，為什麼不打算結婚的前男友，現在卻喜孜孜地娶了別人，要命的是他的老婆條件樣樣都輸妳；你不知道，為何那個傢伙沒錢沒能力，他的女朋友卻對他死心蹋地？

你一直在愛情裡流浪，你不煩惱交不到女友，你瀟灑地解釋不婚，因為人到中年已經沒有非娶不可的女人。

妳不敢承認妳曾經以為，妳會比那些個性比妳糟的女生更快成為某太太，妳之所以到現在單身，是因為條件太好沒人敢追，或那些男人就是不懂得欣賞妳，妳太好，他們不敢承諾妳。

在你內心最暗最私密的角落，你知道，以上，通通不是真的。

在愛情裡，我們很容易會有一種盲點：

我這麼好，為什麼他不來愛我？

我對他好，為什麼他不珍惜？

大家都說我是個好女人，為什麼好女人沒有好男人來陪？

請容我說一句難聽的真話給你聽，人在愛情裡容易盲目，盲目到，只看見自己，沒看見對方。

凡事以「我」為出發點，無論講什麼都是，我，我，我。我一定怎麼樣，我不會怎麼樣，我對你怎麼樣……卻沒有看到，他，真的需要的是什麼。

更恐怖的問題是，會不會，妳從來就沒有真正了解過他？

妳以為自己很懂他，其實妳懂的只有妳自己，妳知道自己有多好，妳卻不知道他到底有多好，妳盡可能地把自己的全部掏出來給他看，卻不知道他並不需要百分之百的妳，妳以為男人都希望妳把他當宇宙中心，但他可能只希望妳好好做妳自己。

你以為接送她上下學上下班幫她付三餐錢，她就不會離開妳，你可以辛苦工作存錢買車買房全用她名義，她卻說你不懂她的靈魂，你根本就沒有真正愛過她。

我常會想起名主持人趙樹海大哥（就是趙又廷的爸爸）說過的一句話：「優秀的主持人，不是拼命自己表現，而是引導來賓說話。」

看似無關，但我認為這是人際關係的萬能法則。

就像，我們最喜歡的朋友，往往並不是那種一味在說自己事的人，而是那個可以認真聽你在說什麼的人。

一個好伴侶，不是拼命對對方好，給對方愛，而是能讓對方在妳面前，鬆懈地說出他的真心話，表達出他最真實的一面。

真實的他，或許很膽小，很自私，很脆弱，很自卑，他甚至都不知道他自己有這一面存在，也或許從不展露這一面給外人看，但是妳看得到。

妳知道，他之所以不帶妳見媽媽，是因為擔心他媽不喜歡妳，妳知道，他其實不想那麼拼命，工作只是為了滿足妳的慾望，妳知道，他還有更想做的事，但是現實狀況不容許他去追求理想。

你知道，她之所以不想婚是因為父母失和讓她沒信心；你知道，她拼命工作也希望你奮發向上，是因為她對金錢超沒安全感；你知道，她不要房也不要錢只希望你看得懂她寫的東西，欣賞她的選擇，而且永遠能夠分享她最喜歡的那本書。

你必須知道，瞭解這些，並真正地站在他的角度支持他，才可能成為那個無可取代的人。

妳不需要讓自己變得多好，也不需要偽裝自己是個好女人，或是壞女人，妳只需要讓自己成為一面鏡子，讓他可以在妳面前真實。

你不需要費腦筋給她什麼，最好的愛，其實不是「給」，而是「不需要給」。

我們可以跟任何一個人上床，但只有無可取代的人，才會讓我們願意給予承諾。

聆聽往往比付出更體貼。

休息比約會更誘人。
瞭解比愛更重要。

妳有多久沒有讚美他？

我的大女兒米米，今年滿五歲了。五歲的孩子，是最在意媽媽，也最容易惹媽媽生氣的年紀。

她不會像兩歲以下的小 baby，妳想把她擺哪就擺哪，要她現在去做什麼就做什麼，她有完全獨立的思想和行為能力，她不僅可以反抗妳，還可以說出一整套理由來說服妳。

最近米米反抗的理由越來越多，令人火大的時刻也越來越多，絕大多數時候她還是很可愛很貼心，但有的時候一個行為就能讓我七竅生煙。

有了老二波波，我對波波和米米的態度落差變得明顯，時常我這邊還在逗著七個月大的波波：「哎呀，我們家怎麼會有這麼可愛的小動物啦。（親親親）」波波發出格格的笑聲，我也笑咪咪的。

但是一個轉頭，看到米米正把洗完澡弄濕的毛巾弄到床上玩，我不假思索就嚴厲地脫口而出：

「不是跟妳說過很多次，濕毛巾不可以放在床上！快點拿走！」

自己都覺得自己快要精神分裂了。當下教訓米米的那一刻，我通常把這視為普通的基本教育，但是看到她一個人抱著毯子乖乖地進房去準備睡覺，那委屈的身影又讓媽媽心軟了。

是不是對她太嚴厲了？

是不是很久沒有說她好棒，好厲害了？

當家裡多了個baby，她的身份成了姐姐，所有以前她會做，會幫忙的小事，我們會給予掌聲給予鼓勵的，曾幾何時變成理所當然，變成她本來就應該要會的了？

我，有多久沒有讚美她了？

不只是女兒，老公做為我生活裡必備的另一半，就像每天早上要喝的那杯咖啡，吃麵包時配上的奶油或起士，自然而然地就存在的另一半，我，有多久沒有讚美他了？

前幾周我受一間單身男女聯誼會館的邀請，在週末的下午為一群熟男熟女演講。

有個女生問了，男人是不是總是很自我，總是不願意為對方改變？

我想點出一個男女關係裡，大家忽略的事實：

女人若說，我把男朋友／老公擺在第一位，就是真正的第一位。

但是，男人不是這樣。

對男人們來說，擺在他心裡第一位的，一定是事業、工作、成就，接下來，可能還有他的車子、房子、他養的狗、寵物（包括植物、盆栽、金魚或爬蟲類），嗜好（打球、看球賽、玩 game 等等），然後才是妳。

有時候他還會把他爸或他媽擺在妳前面，換句話說，要是妳有機會排上「人類」的第一名，妳真的要偷笑了。

也就是說，他要滿足了在妳之前的這些「重要的東西」，他才有可能來關照妳。

那麼，妳現在很清楚了，他根本沒有多少時間跟精力可以留給妳了。

於是妳有時候會發現，妳和他白天都在忙著上班，上課，好不容易晚上見了面，結果他竟然只是窩在沙發裡看新聞和球賽；再不然，跟妳吃飯的時候，用手機看股市，上網，玩 FB，再過分一點，他可以玩 apps 玩到一個小時都不理妳。

就這麼一點剩餘的時間，他都沒辦法專心看著妳，聽妳說話嗎？

妳很生氣，妳覺得他不重視妳。

妳質問他，他很無辜，他說，可是我人就在這裡啊，我們不是在一起了嗎？

妳說，這算哪門子的在一起，你明明就跟 AngryBird 在一起你哪有跟我在一起！

我知道妳很生氣，但是這就是男人。

就像如果今晚妳和他第一次上了床有了突破性的進展，第二天，妳和他各自要告訴自己最要好的姐妹淘和兄弟，對話完全是截然不同的場景。

女生這邊喜孜孜又略帶羞怯地，在眾家姐妹前招認事實，女生們欣喜瘋狂地追問：

「快！我要聽細節!!」

女人們喜歡細節，結果不是重點，過程才是重點。

我們喜歡追逐所有事物的起承轉合，這是我們的天性。

但是同樣的事件，轉換到了男人那邊的場景，或許是一個煙霧瀰漫的酒吧，也或者是一個煙霧瀰漫的辦公大樓陽台（請注意，不管到哪都往往是煙霧瀰漫），男人只是揚起嘴邊一抹微笑：

「我和她在一起了。」

「水啦，兄弟！」一根菸敬過來。

然後就是兩個男人遙望著天空，對話結束。

妳們就知道為什麼我們偶像劇編劇都喜歡寫女人這邊的場景，因為到了男人那邊，有趣的事也變得很沒戲。

妳應該無法想像，妳的男人會碎嘴地跟他的兄弟叨念你們昨晚吵架的內容，這不是男人的風格。（除非妳愛上的不是異性戀男人，那就當我沒說）

男人不擅長描述細節，也無法記住他們認為「不重要」的事情。

偏偏，女人認為重要的事，和男人認為重要的事，差異很大。

比方說，不知道有多少次，丹尼爾接到朋友來的電話。

「生啦？恭喜恭喜。痛了三十個小時？辛苦了。喔，好啊，再帶我老婆去看你們。」

兩個男人在電話那頭講了一堆，接著，老爺掛掉電話之後，喜孜孜地告訴我某人的老婆生了。

「生男生女？」我問。

「欸？不知道耶。」

「不知道？你不是跟他聊了很久，怎麼會不知道他老婆生兒子還女兒？」我快昏倒了。

「嗯。可能他有講我忘了吧。」丹尼爾悠哉地離去。

「吼！這樣我是要怎樣送禮物啦！」

我完全無法理解男人是怎麼回事。

但是這已經發生很多次了，我是絕對不會搞不清楚自己的好朋友生的是女兒還是兒子（從她懷孕開始就一路追隨了，怎麼會不知道?!），但是老爺們就是不把這當成一個重點。

我只有一個結論，就是女人和男人的重點，常常不一樣。

回到他到底重不重視妳這個問題。

他當然很重視妳，妳怒眉一瞪，他覺得比被自己老闆摔檔案還緊張，妳放聲大哭，他焦急地有如熱鍋上的螞蟻，當妳對他微微一笑，他誤以為自己是全世界最勇猛的雄性。

但是，他必須先把老闆交代的事項，客戶丟來的急件，媽媽今早打來的碎念和要求，摩托車還汽車哪個零件的維修，球隊比賽的協調跟訓練……等等等許多眾多的事情都顧好之後，他很重視妳。

在他心裡，妳很重要，但是是在前述那些事情都搞定之後的重要。

他把今天的那些燙手問題都解決了，好不容易鬆口氣坐在妳身邊喝杯小酒，上上網，看看電視，他覺得，他把人生最重要放鬆悠閒的時刻留給了妳，而妳竟然說他不重視妳，他也很生氣。

男人和妳相處的時候，絕不會像妳的姐妹淘和妳在一起時，滔滔不絕。

他或許有對妳滔滔不絕的時候，那是他剛開始追妳的時候。

妳常會發現，為什麼這個風趣的男人，在一起之後甚至是婚後，變成了無趣的啞巴？

當他不需要在妳的面前證明他有多厲害（雄性動物的特徵，秀出自己很行，所以妳選我是對的），他收起了炫耀的武士盔甲，在妳這個他最愛最放心最安全的女人面前，他變成了一個穿著內褲的沉默小男孩。

他把最沒有防備的那一面讓妳看，這就是他認定的「在一起」。

不是絮絮叨叨今天老闆有多可惡，哪個新來的菜鳥有多蠢，那個客戶竟然敢開那種不要臉的需求真想叫他去撞牆……這些事情他不會跟妳講。

他只是安安靜靜地坐在妳旁邊打電動，時不時發出一點吃吃的笑聲，這就是他。

想一想，其實他跟妳五歲的孩子，相差不大。

他很重視妳，也很在意妳，他是個大人了，但不代表他不需要妳的讚美。

我們往往都喜歡常常讚美我們的人，對於常常責備我們的人，感到討厭，或者懼怕。在學校，我們最喜歡的老師，是那個我們做了一點對事，她會大方讚美我們的人；在辦公室，我們最喜歡的同事，是那個我們只是一點舉手之勞，她卻會誠懇道謝我們的人。

我們都喜歡被讚美，因為被讚美，所以我們才會努力，下一次做得更好。

但是，當我們逐漸長大，我們得到的讚美卻越來越少，越來越難。

我很自豪地寫出的一集劇本，頗為滿意地寄給製作人或導演，聽到的第一句 comment 往往卻是：「這個角色變得不可愛了。」或者是「有個雛形了，但是……」

我們不會接到讚美，我們接到的都是批評。

我年紀夠大我不是剛出社會的年輕人了，我知道我是在寫劇本不是在參加救國團，製作人和導演不需要在意我的情緒不需要討我歡心，所以我往往在劇本被改得體無完膚之後安慰自己：

「除了這十頁的批評以外，沒批評到的都是讚美。」

你的老闆沒嫌妳就代表是好，妳不知道有多久沒有在辦公室裡聽到一句好話，妳做得流血流汗身體都搞壞了，那些領得比妳多一倍的主管也沒說過一句：謝謝妳。

因為我們都把這些當成理所當然。

理所當然地，妳該這麼聰明這麼設想周到；理所當然地，他該在公司裡加班到手腳顫抖也不知道自己快要中風；妳的大大老闆把妳的主管的付出當成理所當然，於是妳的主管也把妳的無怨無悔當成理所當然。

錯。

這世界上從來沒有什麼事是理所當然，妳之於這公司是如此，妳之於妳的生活也是如此。當然，他做為妳的另一半，也是如此。

我們都喜歡讚美，但是我們卻常常忘了，讚美那個就在妳身邊的人。

今天他就和往常一樣，下班後拖著疲累的身軀，和妳吃一頓安靜的飯。

妳有沒有記得對他說，謝謝你？

謝謝你，今天下班沒有和兄弟去喝酒，

謝謝你，今天陪我吃飯的時候沒有玩 apps，

謝謝你，今天你聽完我發一頓牢騷，

謝謝你，你現在跟我在一起。

你好棒，你竟然記得我們的紀念日，

你好棒，你買了我最喜歡的豆花回來，

你好棒，你想到母親節要打給我媽說幾句話。

我們長大了，我們在職場上忘了謝謝，忘了感恩，忘了說對不起。
沒關係，因為那些人，並不是我們生命裡最重要的人。
但是我們不能忘記，對最重要的人說，謝謝，對不起。

就像讚美妳的孩子一樣。
就像我們小時候，被爸爸，或者被老師讚美的那句話。
那句話我們記得一輩子。

因為我們喜歡讚美。

我愛你，而且你很棒。

我們一無所有的幸福

今年託 facebook 無遠弗屆的葡萄串連繫功能，在網路上，我和許多老同學們重逢。

當年班上最漂亮的傳說有很多男生在追的，總是考前幾名的絕頂聰明的超資優的，鬼點子最多最會說笑話的。無論是哪一個，記憶中好多年不見的舊時同窗，如今不約而同地，都是妻子和母親。

十數年不見，當日一別還是穿著制服的少女，現在則成了兩個孩子的媽，反差甚大，真的很有趣。

有人繼續著工作，儘可能維持家庭職場兩相立的生活，有人則選擇回家，全心照顧著老公和寶貝。在同學們的相簿裡，我看見的是一張張幾近素顏的臉龐，可能是出遊，可能是家族聚會，她們摟著自己的孩子，露出依舊開朗青春的笑容。

幸福，不言可喻。

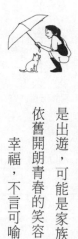

趁著送油飯的機會，我火速地把家裡的送子鳥（婚後在法國亞爾薩斯買的玩偶）送給準備懷孕的好友，一方面祝福她能順利達陣，另方面也是昭告註生娘，本家打烊了，請光顧別家吧！

生產是件苦差事，產後的疼痛，乳腺炎，哺餵母奶的壓力，照顧一個日夜不分哭到臉色會發青的小魔怪，再加上產後荷爾蒙的變化，生完老二後，我的皮膚過敏大發作，半夜常癢到睡不著，卻顧慮餵母奶而不敢服藥……種種折磨，常讓我苦不堪言。

看著同學們的生活，回顧自己的生活。最近，我時常思考起，像我們這樣的人，幸福的意義。

坦白說，結婚將滿八年，我和丹尼爾，除了製造出兩隻貌似我們的小魔怪，還真是一無所有。

我們沒有車，沒有房，也沒有任何貸款。

在這大城市裡住居，我們為了最基本生活，還得盡可能地維持著最基本的收入和開銷，房租，水電費，瓦斯費，米米的幼稚園學費，波波的保母雇傭費，我們倆各自出門的交通車資，喝杯飲料吃碗飯的食費……。

我們每天一張開眼，就有這麼多無可消滅的費用壓在眼前。我們只希望自己今天是健康的，明天也是健康的，好讓我們可以像小螞蟻似地老老實實賺夠該付的鈔票，還能在疲累一天後，微笑抱抱那兩個天真可愛的小傢伙。盡一個為人父母的責任。

我們時常牽著孩子粉粉嫩嫩的小手，坐公車路經那些有著漂亮樹蔭的名牌路段。望著高入雲霄的氣派豪宅，我們總好奇，除了媒體上股市裡人人皆知的大老闆大企業家以外，到底是誰，有能力住得起這樣的房子？

是企業家豢養的大老婆二老婆或三老婆？還是含著金湯匙一出生就有個把億繼承的富二代？甚至是用了小手段這裡炒樓那裡炒股的投資生意人？我們不得而知。

政府說，要在豪宅旁邊蓋普通住宅，我們知道，那跟我們無關。

因為我們是老老實實的工蟻，我們得工作，並不是這社會的弱勢族群，我們得繳稅，也不是靠人救濟的低收入民。

每次政府說，要補助誰誰生孩子，要補助誰誰來買房，我們仔細一看，發現我們總是不符合規定。

因為我們很不巧地，賺得「稍微」多一點，而且也很不巧地，我們沒有那麼多年紀「超大」的父母，也沒有那麼多年紀「超小」的孩子。

又很不幸地，我們這多出來的「稍微」，也只不過是讓我們多繳幾塊錢的稅，事實上，跟這島上過億身價的那幾萬人相比，我們真的很窮。

媒體每天在寫，哪個大老闆哪個名媛買的名錶名牌包有多閃亮多稀有多昂貴，我們噙著口水看著這些遙不可及的事物。

而我們能做的，只不過是在網路上比價那個牌子的吸塵器好用又便宜。

媒體每天在說，哪個投資正火熱哪個生意賺了很多錢，我們總奇怪，我們的腦袋也不比人笨眼光也不比人差，怎麼我們就只能領薪當上班族，賺錢容易的好事就跟我們家沒關係？

我們這才了解，像我們這樣的工蟻，在這奇怪的社會裡，位置十分尷尬。

很多年前人家叫我們「中產階級」，如今我們發現，我們每天努力攢的那一點錢，連這城市的一間廁所也買不起。

很多年前人家羨慕我們這樣的人讀到大學畢業，如今我們發現，我們累積的那些成績單，還不如一張可能會中獎的樂透彩。

我們甚至沒資格憤怒，因為我們忙得連去遊行或抗議的時間都沒有。

我們還是鄉愿地告訴孩子，要努力，要上進，要成為對社會有貢獻的人。

然而說這話的時候我們會心虛，因為我們對社會頗有貢獻，但我們不知道社會回饋了什麼給我們。

我們很努力，也很上進，我們不偷不搶不作奸犯科，善良時候我們甚至拿了一點小錢去做公益，哪裡發生災難發生慘劇，我們也是義不容辭地掏錢掏物資，我們真心希望熱愛的土地，土地上的人們，都活得健康快樂。

而我們，一樣住在普通的小房裡。

對於這個城市而言，物質上，我們是一無所有的人。

即使一無所有，我們還是勇氣十足地，生了兩個孩子。

沒有完善的托育系統，沒有健全的福利補助，我們很早就知道，這從今以後的大小事，都得靠我們自己。

我們並不後悔或埋怨，因為這是我們自己的選擇。

我們選擇了承擔責任，我們把那些個人享樂的時光和金錢，投注來培育和這土地相關連的生命。

我們不敢說自己有多了不起，因為我們在這社會裡佔的份量是那麼渺小，我們只是希望讓自己的人生更完整。

雖然手頭上的錢永遠不夠，但我們至少可以讓自己擁有的愛多一點，或許老的時候我們還是沒有車沒有房，但我們卻和心愛的人創造了回憶。

何況，來到這世界的時候，我們就是一無所有。

每一夜，看著孩子入睡的時候，我們總是許願，一切順利，萬事平安，人人健康，明天，會比今天再好一點。

這就是，我們的幸福。

結婚的意義

每年的一月三日，是我和丹尼爾的結婚紀念日。

稱不上資深，但也算是婚姻裡的有經驗者了。經歷了養育小孩，家人生病，在工作和家庭間疲於奔命，幾回嚴重的大吵鬧，無可取代的和好。我們在這段旅程中，逐漸明白為何會跟對方在一起。

旅程仍在繼續，了解也還在繼續。

回頭看婚禮的照片，一切都變得好不可思議，那時候我們還那麼年輕，還那麼天真，我們並不知道自己要往哪裡去。

我們只是很簡單地相信對方，相信牽著的這個人，他能給妳一輩子的幸福快樂。

妳想跟他一起去好多地方，一起做好多事，一起養育一個你們創造的生命，然後在任何一人要先離開這個

世界的時候，

妳會看著他直到最後一刻。

電影「天外奇蹟」（UP）裡頭有一幕，是老人歷經一番波折後，回到那間他和老婆艾麗打造的小屋裡。

他萬念俱灰，認為自己到不了天堂瀑布，拿起那本他和艾麗一起創造的相簿，我和很多人一樣，只要看到他開始翻相簿，我就會鼻酸。

我無法想像，在很久很久的以後，那個被留下來的人會是我，還是他。

無論是誰先離開，無論是誰一人被留在這世界，這都是一件令人感到悲傷的事，而妳是如此感謝，對方沒有拋下妳，去完成他自私的夢想，他和妳在一起，過了如此平凡的一生。

你們沒有賺大錢，沒有住在華宅裡，你們只是每個周末，一起出去散散步，晚上在家吃頓簡單的飯，聽聽音樂，有時候在沙發上一起看一部電影。你們沒有完成什麼很重要的夢想，也沒有達成什麼很重要的目標。

妳只是看著他一天一天老去，他也看著妳一天一天老去，然後有一天那一天終於來了。妳看著他離開了這個世界，或是他看著妳離開了這個世界。

其實，結婚就是這麼一回事。

結婚並不是去創造什麼很浪漫的夢想，很浪漫的未來，我最常說的一句話：結婚從來不會解決任何問題，結婚只會製造更多的問題出來。

妳和妳許諾一輩子的人，並不是許諾去當王子當公主，在城堡裡過著童話般的生活，相反地，你們是許諾，一起去解決生活裡的所有實際問題。

會讓妳記得一輩子的事，並不是那些想像中很浪漫的事，或是很驚喜的事。而都是一些很小的事，一些很生活的事，他吃飯的習慣，他睡覺的時候發出的聲音，或是他講過的一句最搞笑的話。

結婚是由生活裡許許多多細細小小的片段組成的，我們是為了博取這些細小的片段才跟他在一起的。

並不是為了博取一顆鑽石，或是一棟房子。

這些細小的片段，就是做為他的另一半，能夠擁有的最珍貴的東西。

當然，這也是我能給他的，最珍貴的東西。

這就是結婚的意義。

NW116

愛，一個人也很好： 30個關於愛的故事，找回繼續愛的勇氣

作　　者：陳慧如
編　　輯：段芊卉
校　　對：蘇芳毓
美術編輯：徐智勇
插　　畫：吳長純
出　　版：英屬維京群島商高寶國際有限公司台灣分公司
地　　址：台北市內湖區洲子街88號3樓
網　　址：gobooks.com.tw
電　　話：(02) 27992788
電　　郵：readers@gobooks.com.tw（讀者服務部）
pr@gobooks.com.tw（公關諮詢部）
電　　傳：出版部 (02) 27990909
行銷部 (02) 27993088
郵政劃撥：19394552
戶　　名：英屬維京群島商高寶國際有限公司台灣分公司
發　　行：希代多媒體書版股份有限公司發行 Printed in Taiwan
初版日期：2011年12月

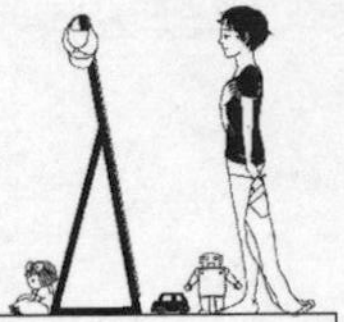

愛，一個人也很好：
30個關於愛的故事，找回繼續愛的勇氣
陳慧如作. -- 初版. -- 臺北市：高寶國際, 2011.12
240面；14.8x21公分
ISBN 978-986-185-652-0(平裝)

544.7　　　　100019722